Arome Asiatice
Bucătăria Fascinantă a Orientului

Mei Lin

Rezumat

Pui cu bacon *10*
Pui și cartofi prăjiți cu banane *11*
Pui cu ghimbir si ciuperci *12*
Pui și șuncă *14*
Ficat de pui la gratar *15*
Biluțe de crab cu castane de apă *16*
cantitate mică *17*
Rulouri cu șuncă și pui *18*
Întoarceți șunca fiartă *19*
Pește afumat fals *20*
ciuperci aburite *22*
Ciuperci cu sos de stridii *23*
Rulada de porc și salată *24*
Chifle de porc și castane *26*
Biluțe de porc *27*
Creveți cu sos de litchi *29*
Creveți prăjiți cu mandarine *31*
Creveți cu Mangetout *32*
Creveți cu ciuperci chinezești *34*
Prăjiți creveți și mazăre *35*
Creveți cu chutney de mango *36*
Creveți Peking *38*
Creveți cu boia *39*
Creveți prăjiți cu carne de porc *40*
Creveți prăjiți cu sos de sherry *42*
Creveți prăjiți cu susan *44*
Prăjiți în coji de creveți *45*
Creveți prăjiți *46*
Tempura de creveți *47*
Gumă de mestecat *48*
Creveți cu tofu *50*
Creveți cu roșii *51*

Creveți cu sos de roșii 52
Creveți cu sos de roșii și chilli 53
Creveți prăjiți cu sos de roșii 54
Creveți cu legume 56
Creveți cu castane de apă 57
Wonton de creveți 58
Abalone cu pui 59
Abalone cu sparanghel 60
Abalone cu ciuperci 62
Abalone cu sos de stridii 63
midii aburite 64
Midii cu muguri de fasole 65
Midiile cu ghimbir si usturoi 66
midii prajite 67
Prajituri de crab 68
Crema de crab 69
Carne de crab din frunze chinezești 70
Foo Yung Crab cu muguri de fasole 71
Crab ghimbir 72
Crab Lo Mein 73
Crab prajit cu carne de porc 75
Carne de crab prajita 76
bile de calmar prajit 77
Homar cantonez 78
homar prajit 80
Homar la abur cu șuncă 81
Homar cu ciuperci 82
Cozi de homar cu carne de porc 83
Homar prajit 85
Cuibul de homar 86
Midiile in sos de fasole neagra 87
Midiile cu ghimbir 88
midii la abur 90
stridii prăjite 91
Stridii cu bacon 92
Stridii de ghimbir prăjite 93

Stridii cu sos de fasole neagră *94*
Scoici cu muguri de bambus *95*
Scoici cu ouă *97*
Scoici cu broccoli *98*
Scoici cu ghimbir *100*
Scoici cu șuncă *101*
Ouă cu scoici și ierburi *102*
Midii si ceapa la gratar *103*
Scoici cu legume *104*
Scoici cu boia *106*
Calamar cu muguri de fasole *107*
calamar prajit *108*
pachete de calmar *109*
rulada de calmar prajit *111*
Cutie prăjită *113*
Calamar cu ciuperci uscate *114*
Calamar cu legume *115*
Friptura cu anason *116*
Vițel cu sparanghel *117*
Friptura cu muguri de bambus *119*
Friptură cu muguri de bambus și ciuperci *120*
Carne de vită prăjită chinezească *122*
Friptura cu muguri de fasole *123*
Friptura cu broccoli *124*
Friptura cu seminte de susan si broccoli *125*
Carne la gratar *127*
Carne cantoneză *128*
Vitel cu morcovi *129*
Friptură cu nuci caju *130*
Caserolă cu carne de vită la fierbere lentă *131*
Friptura cu conopida *132*
Vițel cu țelină *133*
Roast beef felii cu telina *134*
Friptura taiata cu pui si telina *135*
Friptură cu Chile *137*
Varză chinezească de vită *139*

Carne de vită Suey 140
Vițel cu castraveți 142
Chow Mein de vită 143
File de castraveți 145
Carne de vită curry 146
Omletă de castane cu șuncă și apă 148
Omletă de homar 149
Omletă cu stridii 150
Omletă de creveți 151
Omletă cu scoici 152
Omletă cu tofu 153
Tortilla umplută cu carne de porc 154
Tortila umplută cu creveți 155
Ruladă de tortilla la abur cu umplutură de pui 156
clătite cu stridii 157
Clătite cu creveți 158
Ouă omlete chinezești 159
Ouă cu pește 160
Ouă cu ciuperci 161
Ouă cu sos de stridii 162
Ouă cu carne de porc 163
Ouă cu carne de porc și creveți 164
Ouă cu spanac 165
Ouă cu ceapă 166
Ouă cu roșii 167
Ouă cu legume 168
Sufleu de pui 169
sufle de crab 170
Sufleu de crab și ghimbir 171
Sufleu de pește 172
Sufle de creveți 173
Sufleu de creveți cu muguri de fasole 174
Sufleu de legume 175
Foo Yung Egg 176
Foo Yung ouă prăjite 177
Crab Foo Yung cu ciuperci 178

Ouă Foo Yung cu șuncă	179
Fried Foo Yung Porc	180
Foo Yung Ou de porc și creveți	181
orez alb	182
orez brun fiert	182
Orez cu carne de vita	183
Orez cu ficat de pui	184
Orez cu pui si ciuperci	185
Orez cu nucă de cocos	186
Orez cu carne de crab	187
Orez cu mazăre	188
Orez cu piper	189
Orez cu ouă poșate	190
Orez din Singapore	191
Orez lent pe barcă	192
orez fiert	193
Orez prăjit	194
orez prajit cu migdale	195
Orez prajit cu bacon si oua	196
Orez prajit cu carne	197
Orez prajit cu carne tocata	198
Orez prajit cu carne si ceapa	199
Orez prajit cu pui	200
Orez cu rață friptă	201
Orez aburit cu șuncă	202
Orez cu sunca afumata si bulion	203
Carne de porc cu orez prajit	204
Orez prajit cu carne de porc si creveti	205
Orez prajit cu creveti	206
orez prajit si mazare	207
Orez prajit in somon	208
Orez prajit special	209
Zece orez scump	210
Orez cu ton prajit	211
Fidea cu ou fiert	212
taitei cu oua la abur	213

Paste la grătar 213
Taitei prajiti 214
Taitei moi prajiti 215
Tagliatelle la abur 216
taitei reci 217
Coş cu paste 218
Clatite din aluat 219

Pui cu bacon

pentru 4 persoane

225g / 8oz pui, feliate foarte subțire

75 ml / 5 linguri sos de soia

15 ml / 1 lingura vin de orez sau sherry uscat

1 catel de usturoi zdrobit

15 ml / 1 lingura de zahar brun

5 ml / 1 linguriță sare

5 ml / 1 lingurita radacina de ghimbir tocata marunt

225 g slănină slabă tăiată cubulețe

100 g castane de apă, feliate foarte subțiri

30 ml / 2 linguri miere

Pune puiul într-un castron. Se amestecă 45 ml/3 linguri de sos de soia cu vin sau sherry, usturoi, zahăr, sare și ghimbir, se toarnă peste pui și se lasă cca. timp de 3 ore. Asezati puiul, baconul si castanele pe frigaruia de kebab. Se amestecă restul de sos de soia cu mierea și se întinde pe frigărui. Grătiți (coaceți) sub un grătar încins timp de cca. 10 minute până când sunt gătite, întorcându-le des și stropind cu mai mult glazură pe măsură ce gătiți.

Pui și cartofi prăjiți cu banane

pentru 4 persoane

2 piept de pui fierte

2 banane fierte tari

6 felii de paine

4 ouă

120 ml / 4 fl oz / ¬Ω cană lapte

50 g / 2 oz / ¬Ω cană făină universală

225 g / 8 oz / 4 căni de pâine proaspătă

Se prăjește în ulei

Tăiați puiul în 24 de bucăți. Curățați bananele și tăiați-le în sferturi pe lungime. Tăiați fiecare sfert în treimi pentru a face 24 de bucăți. Tăiați coaja pâinii și tăiați-o în sferturi. Bateți ouăle și laptele și tăiați o parte a pâinii. Pune o bucată de pui și o bucată de banană pe partea acoperită cu ou a fiecărei felii de pâine. Înfăină ușor pătratele, apoi scufundă-le în ou și rulează-le în pâine. Se amestecă din nou oul în pâine. Încinge uleiul și prăjește câteva pătrate până se rumenesc. Scurgeți pe hârtie de bucătărie înainte de servire.

Pui cu ghimbir si ciuperci

pentru 4 persoane

225 g file de piept de pui

5 ml / 1 linguriță praf de cinci condimente

15 ml / 1 lingură făină universală

120 ml / 4 fl oz / ½ cană ulei de arahide (arahide)

4 eșalote, tăiate la jumătate

1 catel de usturoi, tocat

1 felie radacina de ghimbir, tocata

25 g / 1 oz / ¼ cană caju

5 ml / 1 linguriță miere

15 ml/1 lingură făină de orez

75 ml / 5 linguri vin de orez sau sherry uscat

100 g ciuperci tăiate în sferturi

2,5 ml / ½ linguriță de turmeric

6 ardei iute galben, împărțiți în jumătate

5 ml / 1 linguriță sos de soia

½ Suc de lămâie

sare piper

4 frunze crocante de salata verde

Tăiați pieptul de pui în diagonală peste parmezan în fâșii subțiri. Se presară peste pudră de cinci condimente și se acoperă subțire cu făină. Încinge 15 ml / 1 lingură de ulei și prăjește puiul până se rumenește. Scoateți din tigaie. Încălziți puțin ulei și prăjiți eșalota, usturoiul, ghimbirul și nucile caju timp de 1 minut. Adăugați mierea și amestecați până când legumele sunt acoperite. Se presară cu făină, apoi se adaugă vinul sau sherry. Adăugați ciupercile, turmeric și chilli și gătiți timp de 1 minut. Adăugați puiul, sosul de soia, zeama de la jumătate de lămâie, sare și piper și încălziți. Scoateți din tigaie și păstrați la cald. Se încălzește puțin ulei, se adaugă frunzele de salată și se prăjesc repede,

Pui și șuncă

pentru 4 persoane

225g / 8oz pui, feliate foarte subțire
75 ml / 5 linguri sos de soia
15 ml / 1 lingura vin de orez sau sherry uscat
15 ml / 1 lingura de zahar brun
5 ml / 1 lingurita radacina de ghimbir tocata marunt
1 catel de usturoi zdrobit
225 g sunca fiarta, taiata cubulete
30 ml / 2 linguri miere

Pune puiul într-un castron cu 45 ml/3 linguri sos de soia, vin sau sherry, zahăr, ghimbir și usturoi. Se lasa la marinat 3 ore. Asezati puiul si sunca pe frigaruia de kebab. Se amestecă restul de sos de soia cu mierea și se întinde pe frigărui. Gratar (coace) sub un gratar incins timp de aprox. 10 minute, întorcându-se des și periând cu gheață în timp ce gătiți.

Ficat de pui la gratar

pentru 4 persoane
450 g / 1 lb ficat de pui
45 ml / 3 linguri sos de soia
15 ml / 1 lingura vin de orez sau sherry uscat
15 ml / 1 lingura de zahar brun
5 ml / 1 linguriță sare
5 ml / 1 lingurita radacina de ghimbir tocata marunt
1 catel de usturoi zdrobit

Ficatul de pui se fierbe in apa clocotita timp de 2 minute, apoi se scurge bine. Pune toate celelalte ingrediente, cu excepția uleiului, într-un castron și lasă la marinat aproximativ 3 ore. Pune ficatul de pui pe o frigaruie de kebab si gratar (gratar) sub un gratar incins timp de aproximativ 8 minute pana se rumeneste.

Biluțe de crab cu castane de apă

pentru 4 persoane

450 g / 1 lb carne de crab, tocată

100 g castane de apa, tocate

1 catel de usturoi zdrobit

1 cm / ¬Ω rădăcină de ghimbir, tăiată, tocată

45 ml / 3 linguri faina de porumb (amidon de porumb)

30 ml / 2 linguri sos de soia

15 ml / 1 lingura vin de orez sau sherry uscat

5 ml / 1 linguriță sare

5 ml / 1 lingurita zahar

3 oua batute

Se prăjește în ulei

Amestecă toate ingredientele cu excepția uleiului și modelează-le în bile. Încinge uleiul și prăjește bilușele de crab până se rumenesc. Se amestecă bine înainte de servire.

cantitate mică

pentru 4 persoane

100 g creveți decojiți, tăiați în bucăți mici
225 g carne de porc slaba, tocata marunt
50 g varză chinezească, tocată mărunt
3 cepe primavara, tocate marunt
1 ou bătut
30 ml / 2 linguri faina de porumb (amidon de porumb)
10 ml / 2 linguri de sos de soia
5 ml / 1 linguriță ulei de susan
5 ml / 1 linguriță sos de stridii
24 de piei wonton
Se prăjește în ulei

Amestecați creveții, carnea de porc, varza și ceapa primăvară. Se amestecă ou, porumb, sos de soia, ulei de susan și sos de stridii. Pune o lingură din amestec în centrul fiecărei coajă wonton. Apăsați ușor ambalajul în jurul umpluturii, sigilând marginile, dar lăsând partea de sus deschisă. Încinge uleiul și prăjește dim sum-ul de câteva ori până se rumenește. Se scurge bine si se serveste fierbinte.

Rulouri cu șuncă și pui

pentru 4 persoane

2 piept de pui

1 catel de usturoi zdrobit

2,5 ml / ¬Ω linguriță de sare

2,5 ml / ¬Ω linguriță praf de cinci condimente

4 felii de sunca fiarta

1 ou bătut

30 ml / 2 linguri lapte

25 g / 1 oz / ¬° cană făină universală

Scoateți 4 rulouri cu ouă

Se prăjește în ulei

Tăiați pieptul de pui în jumătate. Amesteca-le foarte bine. Se amestecă usturoiul, sarea și pudra cu cinci condimente și se presară peste pui. Pe fiecare bucată de pui se pune câte o felie de șuncă și se rulează bine. Se amestecă oul și laptele. Făină ușor bucățile de pui și apoi le toarnă în amestecul de ouă. Așezați fiecare bucată pe partea de piele pe un rulou de ouă și ungeți marginile cu ou bătut. Îndoiți părțile laterale, apoi rulați, ciupind marginile pentru a le închide. Încinge uleiul și prăjește sandvișurile timp de aproximativ 5 minute până când sunt aurii și fierte. Se scurge pe hartie de bucatarie, apoi se taie in felii groase diagonale pentru a servi.

Întoarceți șunca fiartă

pentru 4 persoane

350 g / 12 oz / 3 căni de făină universală

175 g / 6 oz / ¬œ cană unt

120 ml / 4 fl oz / ¬Ω cană de apă

225 g sunca tocata

100 g muguri de bambus, tocati

2 cepe primare (cepe), tocate fin

15 ml/1 lingura sos de soia

30 ml / 2 linguri de seminte de susan

Punem faina intr-un bol si adaugam untul. Se amestecă cu apă pentru a face o pastă. Întindeți aluatul și tăiați-l în cercuri de 5/2 cm, amestecați restul ingredientelor cu excepția susanului și puneți câte o lingură în fiecare cerc. Ungeți marginile aluatului cu apă și sigilați. Ungeți exteriorul cu apă și stropiți cu semințe de susan. Se coace in cuptorul preincalzit la 180 °C / marca gaz 4 timp de 30 de minute.

Pește afumat fals

pentru 4 persoane

1 biban de mare
3 felii rădăcină de ghimbir, feliate
1 catel de usturoi zdrobit
1 ceapă primăvară (saljong), tăiată subțire
75 ml / 5 linguri sos de soia
30 ml / 2 linguri vin de orez sau sherry uscat
2,5 ml / ½ lingurita de anason macinat
2,5 ml / ½ linguriță ulei de susan
10 ml / 2 lingurițe de zahăr
120 ml / 4 fl oz / ½ bulion de cană
Se prăjește în ulei
5 ml / 1 linguriță făină de porumb (amidon de porumb)

Curățați peștele și tăiați-l în felii groase de 5 mm (¼ inch). Amestecați ghimbirul, usturoiul, ceapa primăvară, 60 ml / 4 linguri sos de soia, sherry, anason și ulei de susan. Se toarnă peste pește și se amestecă ușor. Se lasa sa se odihneasca 2 ore, amestecand din cand in cand.

Se toarnă marinada într-o tigaie și se usucă peștele pe hârtie de bucătărie. Adăugați zahărul, bulionul și sosul de soia rămas în marinadă, aduceți la fierbere și gătiți timp de 1 minut. Dacă trebuie să îngroșați sosul, amestecați amidonul de porumb cu puțină apă rece, adăugați-l în sos și fierbeți până când sosul devine gros.

Intre timp se incinge uleiul si se prajeste pestele pana se rumeneste. Scurgeți bine. Înmuiați bucățile de pește în marinată, apoi puneți-le pe o farfurie caldă de servire. Serviți cald sau rece.

ciuperci aburite

pentru 4 persoane

12 capace mari de ciuperci uscate

225 g carne de crab

3 castane de apa, tocate

2 cepe primare (cepe), tocate fin

1 albus de ou

15 ml / 1 lingură făină de porumb (amidon de porumb)

15 ml/1 lingura sos de soia

15 ml / 1 lingura vin de orez sau sherry uscat

Înmuiați ciupercile peste noapte în apă caldă. Apăsați uscat. Se amestecă restul ingredientelor și se folosește pentru a umple capacele de ciuperci. Puneți pe un grătar pentru abur și gătiți la abur timp de 40 de minute. Serviți cald.

Ciuperci cu sos de stridii

pentru 4 persoane

10 ciuperci chinezești uscate
250 ml / 8 fl oz / 1 cană bulion de vită
15 ml / 1 lingură făină de porumb (amidon de porumb)
30 ml / 2 linguri sos de stridii
5 ml / 1 linguriță vin de orez sau sherry uscat

Înmuiați ciupercile în apă caldă timp de 30 de minute, apoi scurgeți și rezervați 250 ml / 8 fl oz / 1 cană de lichid de înmuiat. Scoateți tulpinile. Amestecați 60 ml / 4 linguri de supă de vită cu porumbul până obțineți o pastă. Fierbeți bulionul rămas cu ciuperci și lichid de ciuperci, acoperiți și fierbeți timp de 20 de minute. Scoateți ciupercile din lichid cu o lingură cu fantă și puneți-le pe o plită încinsă. Adăugați în tigaie sosul de stridii și sherry și fierbeți, amestecând, timp de 2 minute. Adăugați pasta de mălai și gătiți la foc mic, amestecând, până se îngroașă sosul. Se toarnă peste ciuperci și se servește imediat.

Rulada de porc și salată

pentru 4 persoane

4 ciuperci chinezești uscate

15 ml / 1 lingura ulei de arahide

225 g carne slabă de porc, tocată

100 g muguri de bambus, tocati

100 g castane de apa, tocate

4 cepe primavara, tocate marunt

175 g carne de crab, în fulgi

30 ml / 2 linguri vin de orez sau sherry uscat

15 ml/1 lingura sos de soia

10 ml / 2 linguri de sos de stridii

10 ml / 2 linguri ulei de susan

9 caractere chinezești

Înmuiați ciupercile în apă caldă timp de 30 de minute, apoi filtrați. Aruncați tulpinile și tăiați vârfurile. Încinge uleiul și prăjește carnea de porc timp de 5 minute. Adăugați ciupercile, lăstarii de bambus, castanele de apă, ceapa primăvară și carnea de crab și prăjiți timp de 2 minute. Combinați vinul sau sherry, sosul de soia, sosul de stridii și uleiul de susan și amestecați în tigaie. Se ia de pe foc. Între timp, se fierb frunzele chinezești în apă clocotită timp de 1 minut, apoi se strecoară. Așezați o lingură din amestecul de porc în centrul fiecărei foi, pliați în lateral, apoi rulați pentru a servi.

Chifle de porc și castane

pentru 4 persoane

450 g / 1 lb carne de porc (tocată)

50 g ciuperci, tocate mărunt

50 g castane de apa, tocate marunt

1 catel de usturoi zdrobit

1 ou bătut

30 ml / 2 linguri sos de soia

15 ml / 1 lingura vin de orez sau sherry uscat

5 ml / 1 lingurita radacina de ghimbir tocata marunt

5 ml / 1 lingurita zahar

Sare

30 ml / 2 linguri faina de porumb (amidon de porumb)

Se prăjește în ulei

Amestecați toate ingredientele cu excepția făinii de porumb și formați bile din masă. Faceți mălaiul. Se încălzește uleiul și se prăjesc chiftelele timp de aproximativ 10 minute până devin aurii. Se amestecă bine înainte de servire.

Biluțe de porc

pentru 4 persoane

450 g/1 lb făină universală

500 ml / 17 fl oz / 2 căni de apă

450 g carne de porc tocata

225 g creveți decojiți, tăiați în bucăți mici

4 tulpini de telina, tocate

15 ml/1 lingura sos de soia

15 ml / 1 lingura vin de orez sau sherry uscat

15 ml/1 lingura ulei de susan

5 ml / 1 linguriță sare

2 cepe primare (cepe), tocate fin

2 catei de usturoi, tocati

1 felie radacina de ghimbir, tocata

Frământați făina și apa până când aluatul este omogen și bine frământat. Acoperiți și lăsați să se odihnească 10 minute. Intindem aluatul cat mai subtire si taiem rondele de 5/2 cm, amestecam celelalte ingrediente. Turnați o lingură din amestec în fiecare cerc, umeziți marginile și pliați-le într-un semicerc. Fierbeți o oală cu apă, apoi scufundați cu grijă chiftelele în apă. Când chiftelele ies la suprafață, adăugați 150 ml / ¬ºpt / ¬æ cană de apă rece, apoi readuceți apa la fiert. Cand chiftelele cresc, se prajesc.

Creveți cu sos de litchi

pentru 4 persoane

50 g / 2 oz / ¬Ω o cană (pentru orice utilizare)

făină

2,5 ml / ¬Ω linguriță de sare

1 ou, putin batut

30 ml / 2 linguri apă

450 g / 1 lb creveți decojiți

Se prăjește în ulei

30 ml / 2 linguri ulei de arahide

2 felii de rădăcină de ghimbir, tocate

30 ml / 2 linguri otet de vin

5 ml / 1 lingurita zahar

2,5 ml / ¬Ω linguriță de sare

15 ml/1 lingura sos de soia

200 g lychee într-o tavă, clătită

Amestecam faina, sarea, oul si apa pana devine spumoasa, mai adaugam putina apa daca este necesar. Se amestecă cu creveții până se îmbracă bine. Se incinge uleiul si se prajesc crevetii cateva minute pana devin crocante si aurii. Se scurge pe hartie de bucatarie si se aseaza pe o farfurie calda. Între timp, încălziți uleiul și prăjiți ghimbirul timp de 1 minut. Adăugați oțet de vin, zahăr, sare și sos de soia. Adăugați litchiul și amestecați până când se încălzește și se îmbracă cu sos. Se toarnă peste creveți și se servește imediat.

Creveți prăjiți cu mandarine

pentru 4 persoane

60 ml / 4 linguri ulei de arahide

1 catel de usturoi zdrobit

1 felie radacina de ghimbir, tocata

450 g / 1 lb creveți decojiți

30 ml / 2 linguri vin de orez sau sherry uscat 30 ml / 2 linguri sos de soia

15 ml / 1 lingură făină de porumb (amidon de porumb)

45 ml / 3 linguri apă

Încinge uleiul și prăjește usturoiul și ghimbirul până se rumenesc. Adăugați creveții și gătiți timp de 1 minut. Adăugați vin sau sherry și amestecați bine. Adăugați sos de soia, amidon de porumb și apă și gătiți timp de 2 minute.

Creveți cu Mangetout

pentru 4 persoane

5 ciuperci chinezești uscate

225 g / 8 oz muguri de fasole

60 ml / 4 linguri ulei de arahide

5 ml / 1 linguriță sare

2 tulpini de telina, tocate

4 cepe primavara, tocate marunt

2 catei de usturoi, tocati

2 felii de rădăcină de ghimbir, tocate

60 ml / 4 linguri apă

15 ml/1 lingura sos de soia

15 ml / 1 lingura vin de orez sau sherry uscat

225 g mazăre dulce

225 g creveți curățați

15 ml / 1 lingură făină de porumb (amidon de porumb)

Înmuiați ciupercile în apă caldă timp de 30 de minute, apoi filtrați. Scoateți tulpinile și tăiați vârfurile. Se albesc mugurii de fasole în apă clocotită timp de 5 minute, apoi se scurg bine. Se încălzește jumătate din ulei și se prăjește sarea, țelina, ceapa primăvară și mugurii de fasole timp de 1 minut, apoi se scot din tigaie. Se încălzește restul de ulei și se prăjește usturoiul și ghimbirul până se rumenesc. Adăugați jumătate din apă, sosul de soia, vinul sau sherry, mazărea dulce și creveții, aduceți la fiert și fierbeți timp de 3 minute. Se amestecă făina de porumb și apa rămasă într-o pastă, se amestecă într-o tigaie și se fierbe, amestecând, până se îngroașă sosul. Întoarceți legumele în tigaie, gătiți fierbinți. Serviți imediat.

Creveți cu ciuperci chinezești

pentru 4 persoane

8 ciuperci chinezești uscate
45 ml / 3 linguri ulei de arahide (arahide)
3 felii de rădăcină de ghimbir, tocate
450 g / 1 lb creveți decojiți
15 ml/1 lingura sos de soia
5 ml / 1 linguriță sare
60 ml / 4 linguri suc de pește

Înmuiați ciupercile în apă caldă timp de 30 de minute, apoi filtrați. Scoateți tulpinile și tăiați vârfurile. Se încălzește jumătate din ulei și se prăjește ghimbirul până devine ușor auriu. Se adauga crevetii, sosul de soia si sarea si se prajesc pana se imbraca in ulei, apoi se scot din tigaie. Încinge uleiul rămas și prăjește ciupercile până se acoperă uleiul. Adăugați supa, aduceți la fierbere, acoperiți și gătiți timp de 3 minute. Întoarceți creveții în tigaie și amestecați până se încălzesc.

Prăjiți creveți și mazăre

pentru 4 persoane

450 g / 1 lb creveți decojiți

5 ml / 1 linguriță ulei de susan

5 ml / 1 linguriță sare

30 ml / 2 linguri ulei de arahide

1 catel de usturoi zdrobit

1 felie radacina de ghimbir, tocata

225 g mazare congelata sau albita, dezghetata

4 cepe primavara, tocate marunt

30 ml / 2 linguri apă

sare piper

Amestecați creveții cu ulei de susan și sare. Încinge uleiul și prăjește usturoiul și ghimbirul timp de 1 minut. Adăugați creveții și gătiți timp de 2 minute. Adăugați mazărea și gătiți timp de 1 minut. Se adauga ceapa primavara si apa si se condimenteaza cu sare si piper si putin ulei de susan. Înainte de servire, se încălzește amestecând ușor.

Creveți cu chutney de mango

pentru 4 persoane

12 creveți

sare piper

Suc de 1 lămâie

30 ml / 2 linguri faina de porumb (amidon de porumb)

1 mango

5 ml / 1 linguriță pudră de muștar

5 ml / 1 linguriță miere

30 ml / 2 linguri crema de cocos

30 ml / 2 linguri pudră de curry blândă

120 ml / 4 fl oz / ¬Ω cană supă de pui

45 ml / 3 linguri ulei de arahide (arahide)

2 catei de usturoi, tocati

2 cepe primare (cepe), tocate fin

1 fenicul, tocat

100 g chutney de mango

Curățați creveții, lăsând cozile intacte. Stropiți cu sare, piper și suc de lămâie, apoi acoperiți cu jumătate din mălai. Curata mango de coaja, taie pielea din piatra si apoi tai cubulete. Se amestecă muștarul, mierea, crema de cocos, curry, restul de amidon de porumb și bulionul. Încinge jumătate din ulei și prăjește în el usturoiul, ceapa primăvară și feniculul timp de 2 minute. Adăugați amestecul de bulion, aduceți la fiert și fierbeți timp de 1 minut. Adăugați cuburile de mango în sosul iute și încălziți ușor, apoi turnați într-un castron cald. Încinge uleiul rămas și prăjește creveții timp de 2 minute. Se aseaza deasupra legumelor si se serveste in acelasi timp.

Creveți Peking

pentru 4 persoane

30 ml / 2 linguri ulei de arahide

2 catei de usturoi, tocati

1 felie radacina de ghimbir, tocata marunt

225 g creveți curățați

4 cepe primare, feliate groase

120 ml / 4 fl oz / ½ cană supă de pui

5 ml / 1 lingurita zahar brun

5 ml / 1 linguriță sos de soia

5 ml / 1 linguriță sos hoisin

5 ml / 1 lingurita sos Tabasco

Se încălzește uleiul cu usturoiul și ghimbirul și se prăjește până când usturoiul devine ușor auriu. Adăugați creveții și gătiți timp de 1 minut. Adăugați ceapa și gătiți timp de 1 minut. Adăugați celelalte ingrediente, aduceți la fierbere, acoperiți și fierbeți timp de 4 minute, amestecând din când în când. Verificați condimentele și adăugați puțin mai Tabasco dacă doriți.

Creveți cu boia

pentru 4 persoane

30 ml / 2 linguri ulei de arahide

1 ardei gras verde, tocat

450 g / 1 lb creveți decojiți

10 ml / 2 linguri faina de porumb (amidon de porumb)

60 ml / 4 linguri apă

5 ml / 1 linguriță vin de orez sau sherry uscat

2,5 ml / ¬Ω linguriță de sare

45 ml / 2 linguri sos de rosii (paste)

Se încălzește uleiul și se prăjește ardeiul timp de 2 minute. Adăugați creveții în piureul de roșii și amestecați bine. Se amestecă făina de porumb, vinul sau sherry și sarea până se formează o pastă, se amestecă în tigaie și se amestecă în continuare până când sosul este limpede și se îngroașă.

Creveți prăjiți cu carne de porc

pentru 4 persoane

225 g creveți curățați

100 g carne slabă de porc, tocată

60 ml / 4 linguri vin de orez sau sherry uscat

1 albus de ou

45 ml / 3 linguri faina de porumb (amidon de porumb)

5 ml / 1 linguriță sare

15 ml / 1 lingura de apa (optional)

90 ml / 6 linguri ulei de arahide (arahide)

45 ml / 3 linguri suc de pește

5 ml / 1 linguriță ulei de susan

Puneți creveții și carnea de porc pe farfurii separate. Amestecați 45 ml / 3 linguri de vin sau sherry, albuș de ou, 30 ml / 2 linguri de mălai și sare pentru a obține un aluat topit, adăugând apă dacă este necesar. Împărțiți amestecul între carnea de porc și creveți și amestecați bine pentru a se acoperi uniform. Se încălzește uleiul și se prăjește carnea de porc și creveții pentru câteva minute până se rumenesc. Scoateți din tigaie și adăugați tot, cu excepția 15 ml/1 lingură de ulei. Adăugați bulionul în tigaie cu vinul sau sherry rămas și porumbul. Se aduce la fierbere si se fierbe, amestecand, pana se ingroasa sosul. Se toarnă peste creveți și carnea de porc și se servește cu ulei de susan.

Creveți prăjiți cu sos de sherry

pentru 4 persoane

50 g / 2 oz / ¬Ω cană făină universală

2,5 ml / ¬Ω linguriță de sare

1 ou, putin batut

30 ml / 2 linguri apă

450 g / 1 lb creveți decojiți

Se prăjește în ulei

15 ml / 1 lingura ulei de arahide

1 ceapa tocata marunt

45 ml / 3 linguri vin de orez sau sherry uscat

15 ml/1 lingura sos de soia

120 ml / 4 fl oz / ¬Ω cană de stoc de pește

10 ml / 2 linguri faina de porumb (amidon de porumb)

30 ml / 2 linguri apă

Amestecam faina, sarea, oul si apa pana devine spumoasa, mai adaugam putina apa daca este necesar. Se amestecă cu creveții până se îmbracă bine. Se incinge uleiul si se prajesc crevetii cateva minute pana devin crocante si aurii. Se scurge pe hartie de bucatarie si se aseaza pe o farfurie calda. Intre timp se incinge uleiul si se caleste ceapa pana se inmoaie. Adăugați vin sau sherry, sos de soia și bulion, aduceți la fiert și gătiți timp de 4 minute. Amestecați făina de porumb și apa până la o pastă, amestecați în oală și continuați să amestecați până când sosul este limpede și se îngroașă. Se toarnă sosul peste creveți și se servește.

Creveți prăjiți cu susan

pentru 4 persoane

450 g / 1 lb creveți decojiți

½ proteină

5 ml / 1 linguriță sos de soia

5 ml / 1 linguriță ulei de susan

50 g / 2 oz / ½ cană de porumb (amidon de porumb)

Sare si piper alb proaspat macinat

Se prăjește în ulei

60 ml / 4 linguri de seminte de susan

Frunze de salata verde

Amestecați creveții cu albușul, sosul de soia, uleiul de susan, amidonul de porumb, sare și piper. Dacă amestecul este prea gros, adăugați puțină apă. Se incinge uleiul si se prajesc crevetii cateva minute pana se rumenesc. Între timp, prăjiți scurt semințele de susan într-o tigaie uscată până se rumenesc. Scurgeți creveții și amestecați cu semințele de susan. Se serveste pe un pat de salata verde.

Prăjiți în coji de creveți

pentru 4 persoane

60 ml / 4 linguri ulei de arahide

750 g / 1½ lb creveți cu coajă

3 cepe primavara, tocate marunt

3 felii de rădăcină de ghimbir, tocate

2,5 ml / ½ linguriță de sare

15 ml / 1 lingura vin de orez sau sherry uscat

120 ml / 4 fl oz / ½ cană sos de roșii (ketchup)

15 ml/1 lingura sos de soia

15 ml/1 lingura de zahar

15 ml / 1 lingură făină de porumb (amidon de porumb)

60 ml / 4 linguri apă

Încinge uleiul și prăjește creveții timp de 1 minut dacă sunt fierți sau până când sunt roz dacă sunt cruzi. Adăugați ceapa primăvară, ghimbirul, sare și vin sau sherry și gătiți timp de 1 minut. Adăugați sosul de roșii, sosul de soia și zahărul și gătiți timp de 1 minut. Combinați făina de porumb și apa într-o cratiță și amestecați până când sosul este limpede și se îngroașă.

Creveți prăjiți

pentru 4 persoane

75 g / 3 oz / ¬ ° cană de porumb porumb (amidon de porumb)

1 albus de ou

5 ml / 1 linguriță vin de orez sau sherry uscat

Sare

350 g creveți curățați

Se prăjește în ulei

Se amestecă făina de porumb, ou, vin sau sherry și un praf de sare până la un aluat gros. Înmuiați creveții în aluat până când sunt bine acoperiți. Se incinge uleiul si se prajesc crevetii cateva minute pana se rumenesc. Scoateți din ulei, reîncălziți până când sunt fierbinți și prăjiți din nou creveții până devin crocanți și aurii.

Tempura de creveți

pentru 4 persoane

450 g / 1 lb creveți decojiți

30 ml / 2 linguri făină universală

30 ml / 2 linguri faina de porumb (amidon de porumb)

30 ml / 2 linguri apă

2 oua batute

Se prăjește în ulei

Tăiați creveții în mijlocul arcului interior și întindeți-i într-un fluture. Amestecați făina, amidonul de porumb și apa într-un aluat și adăugați ouăle. Încinge uleiul și prăjește creveții până se rumenesc.

Gumă de mestecat

pentru 4 persoane

30 ml / 2 linguri ulei de arahide
2 cepe primare (cepe), tocate fin
1 catel de usturoi zdrobit
1 felie radacina de ghimbir, tocata
100 g piept de pui taiat fasii
100 g sunca taiata fasii
100 g muguri de bambus, tăiați în fâșii
100 g castane de apă tăiate fâșii
225 g creveți curățați
30 ml / 2 linguri sos de soia
30 ml / 2 linguri vin de orez sau sherry uscat
5 ml / 1 linguriță sare
5 ml / 1 lingurita zahar
5 ml / 1 linguriță făină de porumb (amidon de porumb)

Se încălzește uleiul și se prăjește ceapa primăvară, usturoiul și ghimbirul până se rumenesc. Adăugați puiul și gătiți timp de 1 minut. Adaugati sunca, lastarii de bambus si castanele de apa si gatiti 3 minute. Adăugați creveții și gătiți timp de 1 minut. Adăugați sos de soia, vin sau sherry, sare și zahăr și gătiți timp de 2 minute. Se amestecă făina de porumb cu puțină apă, se toarnă în tigaie și se fierbe, amestecând, timp de 2 minute la foc mic.

Creveți cu tofu

pentru 4 persoane

45 ml / 3 linguri ulei de arahide (arahide)
225 g tofu feliat
1 ceapă primăvară (ceapă ceapă), tocată mărunt
1 catel de usturoi zdrobit
15 ml/1 lingura sos de soia
5 ml / 1 lingurita zahar
90 ml / 6 linguri suc de pește
225 g creveți curățați
15 ml / 1 lingură făină de porumb (amidon de porumb)
45 ml / 3 linguri apă

Se încălzește jumătate din ulei și se prăjește tofu până devine auriu, apoi se scoate din tigaie. Se încălzește uleiul rămas și se prăjește ceapa primăvară și usturoiul până se rumenesc. Adăugați sosul de soia, zahărul și bulionul și aduceți la fiert. Adăugați creveții și amestecați la foc mic timp de 3 minute. Amestecați făina de porumb și apa până la o pastă, amestecați-o în oală și amestecați până când sosul devine gros. Întoarceți tofu-ul în tigaie și gătiți-l fierbinte.

Creveți cu roșii

pentru 4 persoane

2 oua

30 ml / 2 linguri faina de porumb (amidon de porumb)

5 ml / 1 linguriță sare

450 g / 1 lb creveți decojiți

Se prăjește în ulei

30 ml / 2 linguri vin de orez sau sherry uscat

225 g rosii, curatate, taiate si tocate

Se amestecă albușurile, amidonul de porumb și sarea. Adăugați creveții până când sunt bine acoperiți. Se incinge uleiul si se prajesc crevetii pana sunt fierti. Adăugați toate, cu excepția 15 ml / 1 lingură de ulei și încălziți. Adăugați vinul sau sherry și roșiile și aduceți la fiert. Adăugați creveții și reîncălziți rapid înainte de servire.

Creveți cu sos de roșii

pentru 4 persoane

30 ml / 2 linguri ulei de arahide
1 catel de usturoi zdrobit
2 felii de rădăcină de ghimbir, tocate
2,5 ml / ¬Ω linguriță de sare
15 ml / 1 lingura vin de orez sau sherry uscat
15 ml/1 lingura sos de soia
6 ml / 4 linguri sos de rosii (ketchup)
120 ml / 4 fl oz / ¬Ω cană de stoc de pește
350 g creveți curățați
10 ml / 2 linguri faina de porumb (amidon de porumb)
30 ml / 2 linguri apă

Încinge uleiul și prăjește usturoiul, ghimbirul și sarea timp de 2 minute. Adăugați vin sau sherry, sos de soia, sos de roșii și supă și aduceți la fiert. Adăugați creveții, acoperiți și fierbeți timp de 2 minute. Amestecați făina de porumb și apa într-o pastă, amestecați în tigaie și fierbeți, amestecând, până când sosul este limpede și se îngroașă.

Creveți cu sos de roșii și chilli

pentru 4 persoane

60 ml / 4 linguri ulei de arahide
15 ml / 1 lingura ghimbir macinat
15 ml / 1 lingura de usturoi tocat
15 ml / 1 lingura de lamaie tocata
60 ml / 4 linguri piure de roșii (pastă)
15 ml/1 lingura sos chilli
450 g / 1 lb creveți decojiți
15 ml / 1 lingură făină de porumb (amidon de porumb)
15 ml/1 lingura de apa

Încinge uleiul și prăjește ghimbirul, usturoiul și ceapa primăvară timp de 1 minut. Adăugați piureul de roșii și sosul chilli și amestecați bine. Adăugați creveții și gătiți timp de 2 minute. Amestecați făina de porumb și apa într-o pastă, amestecați în tigaie și gătiți până când sosul devine gros. Serviți imediat.

Creveți prăjiți cu sos de roșii

pentru 4 persoane

50 g / 2 oz / ½ cană făină universală

2,5 ml / ½ linguriță de sare

1 ou, putin batut

30 ml / 2 linguri apă

450 g / 1 lb creveți decojiți

Se prăjește în ulei

30 ml / 2 linguri ulei de arahide

1 ceapa tocata marunt

2 felii de rădăcină de ghimbir, tocate

75 ml / 5 linguri sos de rosii (ketchup)

10 ml / 2 linguri faina de porumb (amidon de porumb)

30 ml / 2 linguri apă

Amestecam faina, sarea, oul si apa pana devine spumoasa, mai adaugam putina apa daca este necesar. Se amestecă cu creveții până se îmbracă bine. Se incinge uleiul si se prajesc crevetii cateva minute pana devin crocante si aurii. Scurgeți pe hârtie absorbantă.

Între timp, încălziți uleiul și prăjiți ceapa și ghimbirul până se înmoaie. Adăugați sosul de roșii și gătiți timp de 3 minute.

Amestecați făina de porumb și apa până la o pastă, amestecați-o în oală și amestecați până când sosul devine gros. Adăugați creveții în tigaie și gătiți la foc mic până se încălzesc. Serviți imediat.

Creveți cu legume

pentru 4 persoane

15 ml / 1 lingura ulei de arahide

225 g / 8 oz buchete de broccoli

225 g ciuperci

225 g / 8 oz muguri de bambus, feliați

450 g / 1 lb creveți decojiți

120 ml / 4 fl oz / ¬Ω cană supă de pui

5 ml / 1 linguriță făină de porumb (amidon de porumb)

5 ml / 1 linguriță sos de stridii

2,5 ml / ¬Ω linguriță de zahăr

2,5 ml / ¬Ω linguriță rădăcină de ghimbir rasă

Un praf de piper proaspat macinat

Încinge uleiul și prăjește broccoli timp de 1 minut. Adăugați ciupercile la lăstarii de bambus și gătiți timp de 2 minute. Adăugați creveții și gătiți timp de 2 minute. Se amestecă celelalte ingrediente și se condimentează cu amestecul de creveți. Se aduce la fierbere, se amestecă și se fierbe timp de 1 minut, amestecând continuu.

Creveți cu castane de apă

pentru 4 persoane

60 ml / 4 linguri ulei de arahide

1 catel de usturoi tocat marunt

1 felie radacina de ghimbir, tocata

450 g / 1 lb creveți decojiți

30 ml / 2 linguri vin de orez sau sherry uscat 225 g / 8 oz castane de apă, tocate

30 ml / 2 linguri sos de soia

15 ml / 1 lingură făină de porumb (amidon de porumb)

45 ml / 3 linguri apă

Încinge uleiul și prăjește usturoiul și ghimbirul până se rumenesc. Adăugați creveții și gătiți timp de 1 minut. Adăugați vin sau sherry și amestecați bine. Adăugați castane de apă și gătiți timp de 5 minute. Adăugați celelalte ingrediente și gătiți timp de 2 minute.

Wonton de creveți

pentru 4 persoane

450 g creveți decojiți, tăiați în bucăți mici
225 g legume amestecate, tocate
15 ml/1 lingura sos de soia
2,5 ml / ¬Ω linguriță de sare
câteva picături de ulei de susan
40 de piei wonton
Se prăjește în ulei

Amestecați creveții, legumele, sosul de soia, sarea și uleiul de susan.

Pentru a împături wonton-urile, țineți pielea în palma stângă și puneți niște umplutură în mijloc. Ungeți marginile cu ou și pliați coaja într-un triunghi, sigilând marginile. Umeziți colțurile cu ou și răsuciți.

Încinge uleiul și prăjește wontonurile unul câte unul până se rumenesc. Se amestecă bine înainte de servire.

Abalone cu pui

pentru 4 persoane

400 g abalone într-o cutie
30 ml / 2 linguri ulei de arahide
100 g piept de pui taiat cubulete
100 g muguri de bambus, tăiați
250 ml / 8 fl oz / 1 cană bulion de pește
15 ml / 1 lingura vin de orez sau sherry uscat
5 ml / 1 lingurita zahar
2,5 ml / ¬Ω linguriță de sare
15 ml / 1 lingură făină de porumb (amidon de porumb)
45 ml / 3 linguri apă

Scurgeți și feliați abalonul, rezervând sucul. Încinge uleiul și prăjește puiul până la lumină. Adăugați abalone și lăstarii de bambus și gătiți timp de 1 minut. Adăugați lichidul de abalone, bulionul, vinul sau sherry, zahărul și sarea, aduceți la fiert și gătiți timp de 2 minute. Amestecați făina de porumb și apa într-o pastă și fierbeți, amestecând, până când sosul se limpezește și se îngroașă. Serviți imediat.

Abalone cu sparanghel

pentru 4 persoane

10 ciuperci chinezești uscate

30 ml / 2 linguri ulei de arahide

15 ml/1 lingura de apa

225 g sparanghel

2,5 ml / ¬Ω lingurita sos de peste

15 ml / 1 lingură făină de porumb (amidon de porumb)

225g / 8oz conserva de abalone, feliat

60 ml / 4 linguri bulion

¬Ω morcov mic, feliat

5 ml / 1 linguriță sos de soia

5 ml / 1 linguriță sos de stridii

5 ml / 1 linguriță vin de orez sau sherry uscat

Înmuiați ciupercile în apă caldă timp de 30 de minute, apoi filtrați. Scoateți tulpinile. Încinge 15 ml / 1 lingură de ulei cu apă și prăjește ciupercile timp de 10 minute. Intre timp gatiti sparanghelul in apa clocotita pana se inmoaie cu sosul de peste si 5 ml/1 lingurita porumb. Se scurge bine si se pune intr-un vas incalzit cu ciupercile. Păstrați-le la cald. Se încălzește uleiul rămas și se prăjește abalone pentru câteva secunde, apoi se adaugă bulionul, morcovii, sosul de soia, sosul de stridii, vinul sau sherry și restul de amidon de porumb. Gatiti aprox. 5 minute până la fiert, apoi turnați peste sparanghel și serviți.

Abalone cu ciuperci

pentru 4 persoane

6 ciuperci chinezești uscate
400 g abalone într-o cutie
45 ml / 3 linguri ulei de arahide (arahide)
2,5 ml / ¬Ω linguriță de sare
15 ml / 1 lingura vin de orez sau sherry uscat
3 cepe, feliate groase

Înmuiați ciupercile în apă caldă timp de 30 de minute, apoi filtrați. Scoateți tulpinile și tăiați vârfurile. Scurgeți și feliați abalonul, rezervând sucul. Se încălzește uleiul și sarea și se prăjesc ciupercile timp de 2 minute. Adăugați lichidul de abalone și sherry, aduceți la fierbere, acoperiți și fierbeți timp de 3 minute. Se adaugă abalonul și frunzele și se călesc până se încălzesc. Serviți imediat.

Abalone cu sos de stridii

pentru 4 persoane

400 g abalone într-o cutie
15 ml / 1 lingură făină de porumb (amidon de porumb)
15 ml/1 lingura sos de soia
45 ml / 3 linguri sos de stridii
30 ml / 2 linguri ulei de arahide
50 g sunca afumata, tocata

Goliți doza de abalone și păstrați 90 ml/6 linguri de lichid. Se amestecă cu porumb, sos de soia și sos de stridii. Se încălzește uleiul și se prăjește abalonul scurs timp de 1 minut. Se adauga amestecul de sos si se fierbe, amestecand, pana se incinge, aprox. 1 minut. Se pune intr-un bol caldut si se serveste ornat cu sunca.

midii aburite

pentru 4 persoane

24 de clopote

Frecați bine scoicile, apoi puneți-le la înmuiat în apă cu sare timp de câteva ore. Clătiți sub jet de apă și puneți într-un vas puțin adânc. Se pune pe un gratar într-un cuptor cu abur, se acoperă și se fierbe peste apă clocotită timp de aproximativ 10 minute, până când toți mușchii s-au deschis. Demiteți-i pe cei care sunt închisi. Se serveste cu sos.

Midii cu muguri de fasole

pentru 4 persoane

24 de clopote

15 ml / 1 lingura ulei de arahide

150 g muguri de fasole

1 ardei gras verde taiat fasii

2 cepe primare (cepe), tocate fin

15 ml / 1 lingura vin de orez sau sherry uscat

Sare si piper proaspat macinat

2,5 ml / ¬Ω linguriță ulei de susan

50 g sunca afumata, tocata

Frecați bine scoicile, apoi puneți-le la înmuiat în apă cu sare timp de câteva ore. Clătiți sub jet de apă. Fierbeți o oală cu apă, adăugați scoicile și fierbeți câteva minute până se deschid. Goliți și aruncați tot ce rămâne închis. Scoateți mușchii de pe cochilii.

Încinge uleiul și prăjește mugurii de fasole timp de 1 minut. Adăugați boia și ceapa primăvară și gătiți timp de 2 minute. Adăugați vin sau sherry și asezonați cu sare și piper. Se încălzește, apoi se adaugă mușchii și se amestecă până se amestecă bine și se încălzește. Se pune intr-un bol caldut si se serveste cu ulei de susan si sunca.

Midiile cu ghimbir si usturoi

pentru 4 persoane
24 de clopote
15 ml / 1 lingura ulei de arahide
2 felii de rădăcină de ghimbir, tocate
2 catei de usturoi, tocati
15 ml/1 lingura de apa
5 ml / 1 linguriță ulei de susan
Sare si piper proaspat macinat

Frecați bine scoicile, apoi puneți-le la înmuiat în apă cu sare timp de câteva ore. Clătiți sub jet de apă. Încinge uleiul și prăjește ghimbirul și usturoiul timp de 30 de secunde. Adăugați scoicile, apa și uleiul de susan, acoperiți și gătiți aproximativ 5 minute până când scoicile se deschid. Demiteți-i pe cei care sunt închisi. se asezoneaza cu sare si piper si se serveste imediat.

midii prajite

pentru 4 persoane

24 de clopote

60 ml / 4 linguri ulei de arahide

4 catei de usturoi, tocati

1 ceapa tocata marunt

2,5 ml / ½ linguriță de sare

Frecați bine scoicile, apoi puneți-le la înmuiat în apă cu sare timp de câteva ore. Clătiți sub jet de apă și uscați. Încinge uleiul și prăjește usturoiul, ceapa și sarea până se înmoaie. Adăugați scoici, acoperiți și fierbeți timp de aproximativ 5 minute până când toate scoicile se deschid. Demiteți-i pe cei care sunt închisi. Se prăjește încă 1 minut la foc mic, se stropește cu ulei.

Prajituri de crab

pentru 4 persoane

225 g / 8 oz muguri de fasole
60 ml / 4 linguri ulei de arahide 100 g / 4 oz muguri de bambus, tăiați în fâșii
1 ceapa tocata marunt
225 g carne de crab, în fulgi
4 oua, batute usor
15 ml / 1 lingură făină de porumb (amidon de porumb)
30 ml / 2 linguri sos de soia
Sare si piper proaspat macinat

Se albesc mugurii de fasole în apă clocotită timp de 4 minute, apoi se strecoară. Se încălzește jumătate din ulei și se prăjesc mugurii de fasole, lăstarii de bambus și ceapa până se înmoaie. Luați focul și amestecați restul ingredientelor, cu excepția uleiului. Se încălzește uleiul rămas într-o tigaie curată și se prăjește lingura de amestec de carne de crab în prăjituri mici. Se prăjește pe ambele părți până se rumenește, apoi se servește imediat.

Crema de crab

pentru 4 persoane

225 g carne de crab

5 oua batute

1 ceapă primăvară (cepea), tocată

250 ml / 8 fl oz / 1 cană apă

5 ml / 1 linguriță sare

5 ml / 1 linguriță ulei de susan

Se amestecă bine toate ingredientele. Se pune intr-un castron, se acopera si se pune la fierbere peste apa fierbinte sau pe un gratar pentru abur. Se fierbe aproximativ 35 de minute până devine cremoasă, amestecând din când în când. Serviți cu orez.

Carne de crab din frunze chinezești

pentru 4 persoane

450 g / 1 lb frunze chinezești, mărunțite
45 ml / 3 linguri ulei vegetal
2 cepe primare (cepe), tocate fin
225 g carne de crab
15 ml/1 lingura sos de soia
15 ml / 1 lingura vin de orez sau sherry uscat
5 ml / 1 linguriță sare

Se albesc frunzele chinezești în apă clocotită timp de 2 minute, apoi se scurg bine și se clătesc cu apă rece. Se incinge uleiul si se caleste ceapa primavara pana se rumeneste. Adăugați carnea de crab și gătiți timp de 2 minute. Adăugați frunzele chinezești și gătiți timp de 4 minute. Adăugați sos de soia, vin sau sherry și sare și amestecați bine. Adăugați bulionul și făina de porumb, aduceți la fiert și fierbeți, amestecând, timp de 2 minute până când sosul se deschide și se îngroașă.

Foo Yung Crab cu muguri de fasole

pentru 4 persoane

6 oua batute

45 ml / 3 linguri faina de porumb (amidon de porumb)

225 g carne de crab

100 g muguri de fasole

2 cepe primare (cepe), tocate fin

2,5 ml / ½ linguriță de sare

45 ml / 3 linguri ulei de arahide (arahide)

Bateți oul și apoi adăugați mălaiul. Se amestecă restul ingredientelor, cu excepția uleiului. Încinge uleiul și toarnă amestecul uniform în tigaie pentru a face clătite mici de aproximativ 7,5 cm lățime. Prăjiți ceapa până se rumenește, întoarceți-o și prăjiți cealaltă parte până se rumenește.

Crab ghimbir

pentru 4 persoane

15 ml / 1 lingura ulei de arahide

2 felii de rădăcină de ghimbir, tocate

4 cepe primavara, tocate marunt

3 catei de usturoi, tocati

1 ardei rosu tocat

350 g carne de crab, în fulgi

2,5 ml / ¬Ω lingurita pasta de peste

2,5 ml / ¬Ω linguriță ulei de susan

15 ml / 1 lingura vin de orez sau sherry uscat

5 ml / 1 linguriță făină de porumb (amidon de porumb)

15 ml/1 lingura de apa

Încinge uleiul și prăjește ghimbirul, ceapa primăvară, usturoiul și ardeiul iute timp de 2 minute. Adăugați carnea de crab și amestecați până când este bine acoperită cu condimente. Adăugați pasta de pește. Amestecați restul ingredientelor până obțineți o pastă, apoi adăugați-o în tigaie și gătiți timp de 1 minut. Serviți imediat.

Crab prajit cu carne de porc

pentru 4 persoane

30 ml / 2 linguri ulei de arahide
100 g carne de porc (tocata)
350 g carne de crab, în fulgi
2 felii de rădăcină de ghimbir, tocate
2 oua, batute usor
15 ml/1 lingura sos de soia
15 ml / 1 lingura vin de orez sau sherry uscat
30 ml / 2 linguri apă
Sare si piper proaspat macinat
4 cepe, tăiate fâșii

Încinge uleiul și prăjește carnea de porc până la lumină. Adăugați carnea de crab și ghimbirul și gătiți timp de 1 minut. Adăugați ouăle. Adăugați sos de soia, vin sau sherry, apă, sare și piper și amestecați aproximativ 4 minute. Se serveste garnisita cu zapada.

Carne de crab prajita

pentru 4 persoane

30 ml / 2 linguri ulei de arahide
450 g / 1 lb carne de crab, feliată
2 cepe primare (cepe), tocate fin
2 felii de rădăcină de ghimbir, tocate
30 ml / 2 linguri sos de soia
30 ml / 2 linguri vin de orez sau sherry uscat
2,5 ml / ¬Ω linguriță de sare
15 ml / 1 lingură făină de porumb (amidon de porumb)
60 ml / 4 linguri apă

Se încălzește uleiul și se prăjește carnea de crab, ceapa primăvară și ghimbirul timp de 1 minut. Adăugați sos de soia, vin sau sherry și sare, acoperiți și gătiți timp de 3 minute. Amestecați făina de porumb și apa până la o pastă, amestecați în oală și continuați să amestecați până când sosul este limpede și se îngroașă.

bile de calmar prajit

pentru 4 persoane

450 g / 1 liră calmar

50 g grasime, tocata

1 albus de ou

2,5 ml / ¬Ω linguriță de zahăr

2,5 ml / ¬Ω linguriță de amidon de porumb (amidon de porumb)

Sare si piper proaspat macinat

Se prăjește în ulei

Tăiați calmarul în felii și cuburi sau piure. Se amestecă cu grăsime, albuș, zahăr și amidon de porumb și se condimentează cu sare și piper. Presă amestecul în bile. Se încălzește uleiul și, dacă este necesar, se prăjesc biluțele de calmar în reprize până când plutesc la suprafață și devin maro auriu. Se scurge bine si se serveste imediat.

Homar cantonez

pentru 4 persoane

2 homari

30 ml / 2 linguri ulei

15 ml / 1 lingura sos de fasole neagra

1 catel de usturoi zdrobit

1 ceapa tocata marunt

225 g carne de porc (tocata)

45 ml / 3 linguri sos de soia

5 ml / 1 lingurita zahar

Sare si piper proaspat macinat

15 ml / 1 lingură făină de porumb (amidon de porumb)

75 ml / 5 linguri apă

1 ou bătut

Tăiați homarul în bucăți, scoateți carnea și tăiați-l în cuburi de 2,5 cm. Se încălzește uleiul și se prăjește sosul de fasole neagră, usturoiul și ceapa până se rumenesc. Adăugați carnea de porc și gătiți până se rumenește. Adăugați sos de soia, zahăr, sare, piper și homar, acoperiți și gătiți aproximativ 10 minute. Amestecați făina de porumb și apa într-o pastă, amestecați în tigaie și fierbeți, amestecând, până când sosul este limpede și se îngroașă. Înainte de servire, stingeți focul și adăugați oul.

homar prajit

pentru 4 persoane

450 g carne de homar

30 ml / 2 linguri sos de soia

5 ml / 1 lingurita zahar

1 ou bătut

30 ml / 3 linguri făină universală

Se prăjește în ulei

Tăiați carnea de homar în cuburi de 2,5 cm și amestecați-o cu sosul de soia și zahărul. Se lasa sa se odihneasca 15 minute, apoi se filtreaza. Se amestecă oul și făina împreună, apoi se adaugă homarul și se amestecă bine pentru a se acoperi. Încinge uleiul și prăjește homarul până se rumenește. Scurgeți pe hârtie de bucătărie înainte de servire.

Homar la abur cu șuncă

pentru 4 persoane

4 oua, batute usor

60 ml / 4 linguri apă

5 ml / 1 linguriță sare

15 ml/1 lingura sos de soia

450g / 1lb carne de homar, fulgi

15 ml / 1 lingura sunca afumata tocata

15 ml / 1 lingura patrunjel proaspat tocat

Bateți ouăle cu apă, sare și sosul de soia. Se toarnă într-un vas rezistent la cuptor și se presară peste carnea de homar. Așezați vasul pe un gratar într-un cuptor cu abur, acoperiți și gătiți la abur timp de 20 de minute până se întărește oul. Se servesc ornat cu sunca si patrunjel.

Homar cu ciuperci

pentru 4 persoane

450 g carne de homar

15 ml / 1 lingură făină de porumb (amidon de porumb)

60 ml / 4 linguri apă

30 ml / 2 linguri ulei de arahide

4 cepe primare, feliate groase

100 g ciuperci, feliate

2,5 ml / ¬Ω linguriță de sare

1 catel de usturoi zdrobit

30 ml / 2 linguri sos de soia

15 ml / 1 lingura vin de orez sau sherry uscat

Tăiați carnea de homar în cuburi de 2,5 cm. Amestecați făina de porumb și apa într-o pastă și amestecați cuburile de homar în amestec pentru a le acoperi. Se incinge jumatate din ulei si se prajesc cubuletele de homar usor rumenite, se scot din tigaie. Se încălzește uleiul rămas și se prăjește ceapa primăvară până se rumenește. Adăugați ciupercile și gătiți timp de 3 minute. Adăugați sare, usturoi, sos de soia și vin sau sherry și gătiți timp de 2 minute. Întoarceți homarul în tigaie și gătiți până se încălzește.

Cozi de homar cu carne de porc

pentru 4 persoane

3 ciuperci chinezești uscate

4 cozi de homar

60 ml / 4 linguri ulei de arahide

100 g carne de porc (tocata)

50 g castane de apa, tocate marunt

Sare si piper proaspat macinat

2 catei de usturoi, tocati

45 ml / 3 linguri sos de soia

30 ml / 2 linguri vin de orez sau sherry uscat

30 ml / 2 linguri sos de fasole neagra

10 ml / 2 linguri faina de porumb (amidon de porumb)

120 ml / 4 fl oz / ¬Ω cană de apă

Înmuiați ciupercile în apă caldă timp de 30 de minute, apoi filtrați. Aruncați tulpinile și tăiați vârfurile. Tăiați coada homarului în jumătate pe lungime. Scoateți carnea de pe cozile homarului, păstrând cojile. Se încălzește jumătate din ulei și se prăjește carnea de porc până la lumină. Luați focul și adăugați ciupercile, carnea homarului, castanele de apă, sare și piper. Pune carnea înapoi în coaja homarului și pune-o într-o tigaie.

Se aseaza pe un gratar in cuptorul cu abur, se acopera si se lasa cca. 20 de minute până se rumenesc. Între timp, încălzește uleiul rămas și căliți usturoiul, sosul de soia, vinul sau sherry și sosul de fasole neagră timp de 2 minute. Se amestecă făina de porumb și apa până devine o pastă, se pune într-o tigaie și se lasă să fiarbă, amestecând, până se îngroașă sosul. Pune homarul pe o plită,

Homar prajit

pentru 4 persoane

450 g / 1 lb coadă de homar

30 ml / 2 linguri ulei de arahide

1 catel de usturoi zdrobit

2,5 ml / ½ linguriță de sare

350 g muguri de fasole

50 g de ciuperci

4 cepe primare, feliate groase

150 ml / ¼ pt / generoasă ½ cană de supă de pui

15 ml / 1 lingură făină de porumb (amidon de porumb)

Se fierbe o oală cu apă, se adaugă cozile de homar și se fierbe timp de 1 minut. Scurgeți, răciți, îndepărtați pielea și tăiați în felii groase. Se încălzește uleiul cu usturoi și sare și se prăjește până când usturoiul devine ușor auriu. Adăugați homarul și gătiți timp de 1 minut. Adăugați muguri de fasole și ciuperci și gătiți timp de 1 minut. Adăugați zăpadă. Adăugați cea mai mare parte din bulion, aduceți la fierbere, acoperiți și fierbeți timp de 3 minute. Amestecați făina de porumb cu bulionul rămas, amestecați în oală și amestecați până când sosul este limpede și gros.

Cuibul de homar

pentru 4 persoane

30 ml / 2 linguri ulei de arahide

5 ml / 1 linguriță sare

1 ceapa, tocata marunt

100 g ciuperci, feliate

100 g lăstari de bambus, feliați 225 g / 8 oz carne de homar gătită

15 ml / 1 lingura vin de orez sau sherry uscat

120 ml / 4 fl oz / ¬Ω cană supă de pui

Un praf de piper proaspat macinat

10 ml / 2 linguri faina de porumb (amidon de porumb)

15 ml/1 lingura de apa

4 cosuri cu paste

Se incinge uleiul si sarea si se caleste ceapa pana se inmoaie. Adăugați ciupercile la lăstarii de bambus și gătiți timp de 2 minute. Adăugați carnea de homar, vinul sau sherry și bulionul, aduceți la fierbere, acoperiți și gătiți timp de 2 minute. Se condimentează cu piper. Amestecați făina de porumb și apa până la o pastă, amestecați-o în oală și amestecați până când sosul devine gros. Aranjați cuibul de paste pe o farfurie caldă și ornat cu homarul prăjit.

Midiile in sos de fasole neagra

pentru 4 persoane

45 ml / 3 linguri ulei de arahide (arahide)
2 catei de usturoi, tocati
2 felii de rădăcină de ghimbir, tocate
30 ml / 2 linguri sos de fasole neagra
15 ml/1 lingura sos de soia
1,5 kg / 3 lbs scoici, spălate și curățate
2 cepe primare (cepe), tocate fin

Încinge uleiul și prăjește usturoiul și ghimbirul timp de 30 de secunde. Adăugați sosul de fasole neagră și sosul de soia și amestecați timp de 10 secunde. Adăugați scoici, acoperiți și gătiți aproximativ 6 minute până când scoicile se deschid. Demiteți-i pe cei care sunt închisi. Se pune intr-un bol caldut si se serveste cu suc de lamaie.

Midiile cu ghimbir

pentru 4 persoane

45 ml / 3 linguri ulei de arahide (arahide)
2 catei de usturoi, tocati
4 felii rădăcină de ghimbir, tocate
1,5 kg / 3 lbs scoici, spălate și curățate
45 ml / 3 linguri apă
15 ml/1 lingura sos de stridii

Încinge uleiul și prăjește usturoiul și ghimbirul timp de 30 de secunde. Adăugați scoicile în apă, acoperiți și gătiți aproximativ 6 minute, până când scoicile se deschid. Demitețí-i pe cei care sunt închisi. Se pune intr-un bol caldut si se serveste cu sos de stridii.

midii la abur

pentru 4 persoane

1,5 kg / 3 lbs scoici, spălate și curățate

45 ml / 3 linguri sos de soia

3 cepe primavara, tocate marunt

Se pun scoicile pe gratar, intr-un cuptor cu abur, se acopera si se fierb in apa clocotita aproximativ 10 minute pana se deschid toate midiile. Demiteți-i pe cei care sunt închisi. Se pune intr-un bol caldut si se serveste stropite cu sos de soia si usturoi.

stridii prăjite

pentru 4 persoane

24 de scoici de stridii

Sare si piper proaspat macinat

1 ou bătut

50 g / 2 oz / ¬Ω cană făină universală

250 ml / 8 fl oz / 1 cană apă

Se prăjește în ulei

4 cepe primavara, tocate marunt

Se presară stridiile cu sare și piper. Bateți oul cu făina și apa și folosiți pentru a acoperi stridiile. Încinge uleiul și prăjește stridiile până se rumenesc. Se scurge pe hartie de bucatarie si se serveste garnisita cu ceapa primavara.

Stridii cu bacon

pentru 4 persoane

175 g de bacon
24 de scoici de stridii
1 ou, putin batut
15 ml/1 lingura de apa
45 ml / 3 linguri ulei de arahide (arahide)
2 cepe tocate marunt
15 ml / 1 lingură făină de porumb (amidon de porumb)
15 ml/1 lingura sos de soia
90 ml / 6 linguri supă de pui

Tăiați slănina în bucăți și înfășurați câte o bucată în jurul fiecărei stridii. Bateți oul cu apa, apoi scufundați în stridii pentru a se îmbrăca. Se incinge jumatate din ulei si se prajesc stridiile pe ambele parti pana se rumenesc, apoi se scot din tigaie si se scurg de grasime. Se încălzește restul de ulei și se prăjește ceapa până se înmoaie. Amestecați porumbul, sosul de soia și bulionul până obțineți o pastă, adăugați-o în oală și lăsați să fiarbă, amestecând, până când sosul devine limpede și se îngroașă. Transferați stridiile și serviți imediat.

Stridii de ghimbir prăjite

pentru 4 persoane

24 de scoici de stridii
2 felii de rădăcină de ghimbir, tocate
30 ml / 2 linguri sos de soia
15 ml / 1 lingura vin de orez sau sherry uscat
4 cepe, tăiate fâșii
100 g de bacon
1 ou
50 g / 2 oz / ¬Ω cană făină universală
Sare si piper proaspat macinat
Se prăjește în ulei
1 lămâie tăiată felii

Puneți stridiile într-un castron cu ghimbir, sos de soia și vin sau sherry și amestecați bine pentru a acoperi. Se lasa sa se odihneasca 30 de minute. Așezați câteva fâșii de ceapă primăvară pe fiecare stridie. Tăiați slănina în bucăți și înfășurați câte o bucată în jurul fiecărei stridii. Bateți ouăle și făina într-un aluat și asezonați cu sare și piper. Scufundați stridiile în aluat până când sunt bine acoperite. Încinge uleiul și prăjește stridiile până se rumenesc. Se servesc ornat cu felii de lamaie.

Stridii cu sos de fasole neagră

pentru 4 persoane

350 g stridii decojite

120 ml / 4 fl oz / ¬Ω cană ulei de arahide (arahide)

2 catei de usturoi, tocati

3 cepe de primăvară (cepe), tăiate felii

15 ml / 1 lingura sos de fasole neagra

30 ml / 2 linguri sos de soia închis

15 ml/1 lingura ulei de susan

un praf de chili pudră

Se fierb stridiile în apă clocotită timp de 30 de secunde și se scurg. Încinge uleiul și prăjește usturoiul și ceapa primăvară timp de 30 de secunde. Adaugati sosul de fasole neagra, sosul de soia, uleiul de susan si stridiile si asezonati cu pudra de chili. Gatiti foarte fierbinte si serviti imediat.

Scoici cu muguri de bambus

pentru 4 persoane

60 ml / 4 linguri ulei de arahide

6 cepe primavara, tocate marunt

225 g ciuperci în sferturi

15 ml/1 lingura de zahăr

450 g / 1 lb scoici decojite

2 felii de rădăcină de ghimbir, tocate

225 g / 8 oz muguri de bambus, feliați

Sare si piper proaspat macinat

300 ml / ¬Ω pt / 1 ¬° cană de apă

30 ml / 2 linguri otet de vin

30 ml / 2 linguri faina de porumb (amidon de porumb)

150 ml / ¬° pt / ¬Ω cană de apă generoasă

45 ml / 3 linguri sos de soia

Încinge uleiul și prăjește ceapa primăvară și ciupercile timp de 2 minute. Adăugați zahăr, scoici, ghimbir, muguri de bambus, sare și piper, acoperiți și gătiți timp de 5 minute. Adăugați apă și oțet de vin, aduceți la fiert, acoperiți și fierbeți timp de 5 minute. Amestecați făina de porumb și apa până la o pastă, amestecați-o în oală și amestecați până când sosul devine gros. Se toarnă peste sosul de soia și se servește.

Scoici cu ouă

pentru 4 persoane

45 ml / 3 linguri ulei de arahide (arahide)

350 g midii cu coaja

25 g sunca afumata, tocata

30 ml / 2 linguri vin de orez sau sherry uscat

5 ml / 1 lingurita zahar

2,5 ml / ¬Ω linguriță de sare

Un praf de piper proaspat macinat

2 oua, batute usor

15 ml/1 lingura sos de soia

Încinge uleiul și prăjește midiile timp de 30 de secunde. Adăugați șunca și gătiți timp de 1 minut. Adăugați vin sau sherry, zahăr, sare și piper și gătiți timp de 1 minut. Adăugați ouăle și amestecați ușor la foc mare până când ingredientele sunt bine acoperite cu ou. Se serveste stropita cu sos de soia.

Scoici cu broccoli

pentru 4 persoane

350 g midii feliate

3 felii de rădăcină de ghimbir, tocate

¬Ω morcov mic, feliat

1 catel de usturoi zdrobit

45 ml / 3 linguri făină simplă (toate scopuri)

2,5 ml / ¬Ω linguriță de bicarbonat de sodiu (praf de copt)

30 ml / 2 linguri ulei de arahide

15 ml/1 lingura de apa

1 banană feliată

Se prăjește în ulei

275 g de broccoli

Sare

5 ml / 1 linguriță ulei de susan

2,5 ml / ¬Ω lingurita sos chilli

2,5 ml / ¬Ω lingurita otet de vin

2,5 ml / ¬Ω lingurita piure de rosii (pasta)

Se amestecă muşchii cu ghimbirul, morcovul şi usturoiul şi se lasă să stea. Se amestecă făina, praful de copt, 15 ml / 1 lingură ulei şi apa într-o pastă şi se taie rondele de banană. Se incinge uleiul si se prajesc bananele pana devin aurii, se scurg si se pun pe o plita incinsa. Între timp, gătiți broccoli în apă cu sare până se înmoaie, apoi scurgeți-l. Se încălzește uleiul rămas cu ulei de susan și se prăjește scurt broccoli, apoi se înfășoară în pătlagină. Adăugați sosul de ardei iute, oțetul de vin și piureul de roșii în tigaie și gătiți scoici până când sunt fierte. Se toarnă într-un bol de servire și se servește imediat.

Scoici cu ghimbir

pentru 4 persoane

45 ml / 3 linguri ulei de arahide (arahide)

2,5 ml / ¬Ω linguriță de sare

3 felii de rădăcină de ghimbir, tocate

2 cepe, feliate groase

450 g scoici în coajă, împărțite în jumătate

15 ml / 1 lingură făină de porumb (amidon de porumb)

60 ml / 4 linguri apă

Încinge uleiul și prăjește sarea și ghimbirul timp de 30 de secunde. Adăugați zăpadă și gătiți până se rumenesc ușor. Adăugați scoici și gătiți timp de 3 minute. Se amestecă făina de porumb și apa până la o pastă, se adaugă în tigaie și se fierbe, amestecând, la foc mic până se îngroașă. Serviți imediat.

Scoici cu șuncă

pentru 4 persoane

450 g scoici în coajă, împărțite în jumătate
250 ml / 1 cană vin de orez sau sherry uscat
1 ceapa tocata marunt
2 felii de rădăcină de ghimbir, tocate
2,5 ml / ½ linguriță de sare
100 g sunca afumata, tocata

Pune scoicile într-un castron și adaugă vinul sau sherry. Acoperiți și marinați timp de 30 de minute, întorcându-le din când în când, apoi scurgeți scoici și aruncați marinada. Aranjați scoicile cu celelalte ingrediente într-o tigaie. Așezați oala pe un grătar pentru abur, acoperiți și fierbeți în apă clocotită aproximativ 6 minute, până când scoicile sunt fragede.

Ouă cu scoici și ierburi

pentru 4 persoane

225 g scoici decojite
30 ml / 2 linguri coriandru proaspăt tocat
4 oua batute
15 ml / 1 lingura vin de orez sau sherry uscat
Sare si piper proaspat macinat
15 ml / 1 lingura ulei de arahide

Pune scoicile într-un cuptor cu abur și gătești aproximativ 3 minute până când sunt fierte, în funcție de dimensiune. Scoateți din cuptorul cu abur și stropiți cu coriandru. Bateți ouăle cu vin sau sherry și adăugați sare și piper după gust. Adăugați scoici și coriandru. Se încălzește uleiul și se prăjește amestecul de ou-coici, amestecând continuu, până se întărește oul. Serviți imediat.

Midii si ceapa la gratar

pentru 4 persoane

45 ml / 3 linguri ulei de arahide (arahide)
1 ceapa tocata marunt
450 g midii decojite tăiate în sferturi
Sare si piper proaspat macinat
15 ml / 1 lingura vin de orez sau sherry uscat

Se incinge uleiul si se caleste ceapa pana se inmoaie. Adăugați scoicile și gătiți până se rumenesc. Se condimentează cu sare și piper, se deglasează cu vin sau sherry și se servește imediat.

Scoici cu legume

Ia 4.6

4 ciuperci chinezești uscate

2 cepe

30 ml / 2 linguri ulei de arahide

3 tulpini de telina, taiate in diagonala

225 g fasole verde, tăiată în diagonală

10 ml / 2 lingurițe rădăcină de ghimbir rasă

1 catel de usturoi zdrobit

20 ml / 4 linguri faina de porumb (amidon de porumb)

250 ml / 8 fl oz / 1 cană bulion de pui

30 ml / 2 linguri vin de orez sau sherry uscat

30 ml / 2 linguri sos de soia

450 g midii decojite tăiate în sferturi

6 cepe de primăvară (cepe), tăiate felii

425g / 15oz conserva de porumb pe stiuleți

Înmuiați ciupercile în apă caldă timp de 30 de minute, apoi filtrați. Scoateți tulpinile și tăiați vârfurile. Tăiați ceapa în rondele, separați straturile. Se încălzește uleiul și se prăjește ceapa, țelina, fasolea, ghimbirul și usturoiul timp de 3 minute. Se amestecă făina de porumb cu puțin bulion, apoi se amestecă cu bulionul rămas, vin sau sherry și sos de soia. Puneți-le în wok și gătiți în timp ce amestecați. Adăugați ciupercile, midiile, ceapa și porumbul și gătiți aproximativ 5 minute până când midiile sunt fragede.

Scoici cu boia

pentru 4 persoane

30 ml / 2 linguri ulei de arahide
3 cepe primavara, tocate marunt
1 catel de usturoi zdrobit
2 felii de rădăcină de ghimbir, tocate
2 ardei rosii, feliati
450 g / 1 lb scoici decojite
30 ml / 2 linguri vin de orez sau sherry uscat
15 ml/1 lingura sos de soia
15 ml/1 lingură sos de fasole galbenă
5 ml / 1 lingurita zahar
5 ml / 1 linguriță ulei de susan

Încinge uleiul şi prăjeşte ceapa primăvară, usturoiul şi ghimbirul timp de 30 de secunde. Adăugaţi boia şi fierbeţi timp de 1 minut. Adăugaţi scoicile şi prăjiţi timp de 30 de secunde, apoi adăugaţi restul ingredientelor şi gătiţi aproximativ 3 minute, până când scoicile sunt fragede.

Calamar cu muguri de fasole

pentru 4 persoane

450 g / 1 liră calmar

30 ml / 2 linguri ulei de arahide

15 ml / 1 lingura vin de orez sau sherry uscat

100 g muguri de fasole

15 ml/1 lingura sos de soia

Sare

1 ardei rosu, ras

2 felii rădăcină de ghimbir, rasă

2 cepe de primăvară (cepe), ras

Scoateți capul, maneca și membrana de la calmar și tăiați în bucăți mari. Tăiați un model peste fiecare bucată. Se pune la fiert o oală cu apă, se adaugă calamarul și se fierbe la foc mediu până când bucățile se învârtesc, se strecoară și se scurg. Se încălzește jumătate din ulei și se prăjește rapid calmarul. Deglazează cu vin sau sherry. Între timp, încălziți uleiul rămas și fierbeți la abur mugurii de fasole până se înmoaie. Asezonați cu sos de soia și sare. Aranjați ardeiul iute, ghimbirul și ceapa primăvară în jurul unui platou de servire. Puneți mugurii de fasole în mijloc și deasupra cu găluște. Serviți imediat.

calamar prajit

pentru 4 persoane

50 g făină universală

25 g / 1 oz / ¬° cană amidon de porumb (amidon de porumb)

2,5 ml / ¬Ω lingurita praf de copt

2,5 ml / ¬Ω linguriță de sare

1 ou

75 ml / 5 linguri apă

15 ml / 1 lingura ulei de arahide

450 g calmar, tăiat în inele

Se prăjește în ulei

Se amestecă făina, amidonul de porumb, praful de copt, sarea, ou, apa și uleiul într-un aluat. Înmuiați calmarul în aluat până când este bine acoperit. Se încălzește uleiul și se prăjește calamarii câțiva pe rând până se rumenesc. Scurgeți pe hârtie de bucătărie înainte de servire.

pachete de calmar

pentru 4 persoane

8 ciuperci chinezești uscate

450 g / 1 liră calmar

100 g sunca afumata

100 g de tofu

1 ou bătut

15 ml / 1 lingură făină universală

2,5 ml / ¬Ω linguriță de zahăr

2,5 ml / ¬Ω linguriță ulei de susan

Sare si piper proaspat macinat

8 piei wonton

Se prăjește în ulei

Înmuiați ciupercile în apă caldă timp de 30 de minute, apoi filtrați. Scoateți tulpinile. Curățați calmarul și tăiați-l în 8 bucăți. Tăiați șunca și tofu în 8 bucăți. Pune-le pe toate într-un castron. Se amestecă ouăle cu făina, zahărul, uleiul de susan, sare și piper. Turnați ingredientele în bol și amestecați ușor. Așezați un cap de ciupercă și o bucată de calmar, șuncă și tofu direct sub centrul fiecărui coaj de wonton. Îndoiți în colțul de jos, îndoiți părțile laterale, apoi rulați, umeziți marginile cu apă pentru a sigila. Se încălzește uleiul și se prăjesc cocoloașele timp de aproximativ 8 minute până devin maro auriu. Se amestecă bine înainte de servire.

rulada de calmar prajit

pentru 4 persoane

45 ml / 3 linguri ulei de arahide (arahide)

225 g inele de caracatiță

1 ardei verde mare, tăiat în bucăți

100 g muguri de bambus, tăiați

2 cepe primare (cepe), tocate fin

1 felie radacina de ghimbir, tocata marunt

45 ml / 2 linguri sos de soia

30 ml / 2 linguri vin de orez sau sherry uscat

15 ml / 1 lingură făină de porumb (amidon de porumb)

15 ml / 1 lingura suc de peste sau apa

5 ml / 1 lingurita zahar

5 ml / 1 linguriță oțet de vin

5 ml / 1 linguriță ulei de susan

Sare si piper proaspat macinat

Se încălzește 15 ml / 1 lingură de ulei și se prăjește rapid calmarul până se etanșează bine. Între timp, încălziți uleiul rămas într-o tigaie separată și prăjiți în ea ardeiul, lăstarii de bambus, ceapa primăvară și ghimbirul timp de 2 minute. Adăugați calamarul și fierbeți timp de 1 minut. Adăugați sos de soia, vin sau sherry, porumb, bulion, zahăr, oțet de vin și ulei de susan și asezonați cu sare și piper. Lasam sa fiarba pana cand sosul se limpezeste si se ingroasa.

Cutie prăjită

pentru 4 persoane

45 ml / 3 linguri ulei de arahide (arahide)

3 cepe, feliate groase

2 felii de rădăcină de ghimbir, tocate

450 g calmar, tăiat în bucăți

15 ml/1 lingura sos de soia

15 ml / 1 lingura vin de orez sau sherry uscat

5 ml / 1 linguriță făină de porumb (amidon de porumb)

15 ml/1 lingura de apa

Se încălzește uleiul și se prăjește ceapa primăvară și ghimbirul până se înmoaie. Se adaugă calamarul și se prăjește până se îmbracă în ulei. Adăugați sos de soia și vin sau sherry, acoperiți și gătiți timp de 2 minute. Se amestecă făina de porumb și apa până la o pastă, se adaugă în tigaie și se fierbe la foc mic, amestecând, până când sosul se îngroașă și calamarul este fraged.

Calamar cu ciuperci uscate

pentru 4 persoane

50 g ciuperci chinezești uscate

450 g / 1 lb inele de calmar

45 ml / 3 linguri ulei de arahide (arahide)

45 ml / 3 linguri sos de soia

2 cepe primare (cepe), tocate fin

1 felie radacina de ghimbir, tocata

225 g muguri de bambus, tăiați în fâșii

30 ml / 2 linguri faina de porumb (amidon de porumb)

150 ml / ¬° pt / generoasă ¬Ω cană supă de pește

Înmuiați ciupercile în apă caldă timp de 30 de minute, apoi filtrați. Scoateți tulpinile și tăiați vârfurile. Se fierbe calamarul in apa clocotita pentru cateva secunde. Se incinge uleiul, apoi se adauga ciupercile, sosul de soia, ceapa primavara si ghimbirul si se prajesc 2 minute. Pune calamarul in frigarui de bambus si gateste timp de 2 minute. Amestecați făina de porumb și bulionul, apoi în tigaie. Gatiti la foc mic, amestecand, pana cand sosul se limpezeste si se ingroasa.

Calamar cu legume

pentru 4 persoane

45 ml / 3 linguri ulei de arahide (arahide)

1 ceapa tocata marunt

5 ml / 1 linguriță sare

450 g calmar, tăiat în bucăți

100 g muguri de bambus, tăiați

2 fasii de telina, taiate in diagonala

60 ml / 4 linguri supă de pui

5 ml / 1 lingurita zahar

100 g mazăre dulce

5 ml / 1 linguriță făină de porumb (amidon de porumb)

15 ml/1 lingura de apa

Se încălzește uleiul și se prăjește ceapa și sarea până se rumenesc. Adăugați calamarul și fierbeți până absoarbe uleiul. Adăugați lăstarii de bambus și țelina și gătiți timp de 3 minute. Adăugați bulionul și zahărul, aduceți la fiert, acoperiți și gătiți timp de 3 minute până când legumele sunt fragede. Adauga baconul. Amestecați făina de porumb și apa până la o pastă, amestecați-o în oală și amestecați până când sosul devine gros.

Friptura cu anason

pentru 4 persoane

30 ml / 2 linguri ulei de arahide

450 g file de friptură

1 catel de usturoi zdrobit

45 ml / 3 linguri sos de soia

15 ml/1 lingura de apa

15 ml / 1 lingura vin de orez sau sherry uscat

5 ml / 1 linguriță sare

5 ml / 1 lingurita zahar

2 felii de anason stelat

Încinge uleiul și prăjește carnea pe toate părțile până se rumenește. Se adauga restul ingredientelor, se aduce la fierbere, se acopera si se fierbe aproximativ 45 de minute, apoi se intoarce carnea si se mai adauga putina apa si sos de soia cand carnea este uscata. Se mai coace încă 45 de minute până când carnea este fragedă. Scoateți anasonul stelat înainte de servire.

Friptura cu muguri de bambus

pentru 4 persoane

45 ml / 3 linguri ulei de arahide (arahide)
1 catel de usturoi zdrobit
1 ceapă primăvară (ceapă ceapă), tocată mărunt
1 felie radacina de ghimbir, tocata
225 g carne slabă de vită tăiată fâșii
100 g / 4 oz muguri de bambus
45 ml / 3 linguri sos de soia
15 ml / 1 lingura vin de orez sau sherry uscat
5 ml / 1 linguriță făină de porumb (amidon de porumb)

Se încălzește uleiul și se prăjește usturoiul, ceapa primăvară și ghimbirul până se rumenesc. Adăugați carnea și gătiți timp de 4 minute până se rumenește ușor. Adăugați lăstarii de bambus și gătiți timp de 3 minute. Adăugați sos de soia, vin sau sherry și amidon de porumb și gătiți timp de 4 minute.

Friptură cu muguri de bambus și ciuperci

pentru 4 persoane

225 g carne de vită slabă
45 ml / 3 linguri ulei de arahide (arahide)
1 felie radacina de ghimbir, tocata
100 g muguri de bambus, tăiați
100 g ciuperci, feliate
45 ml / 3 linguri vin de orez sau sherry uscat
5 ml / 1 lingurita zahar
10 ml / 2 linguri de sos de soia
sare piper
120 ml / 4 fl oz / ¬Ω cană bulion de vită
15 ml / 1 lingură făină de porumb (amidon de porumb)
30 ml / 2 linguri apă

Tăiați carnea în felii subțiri împotriva bobului. Încinge uleiul și prăjește ghimbirul pentru câteva secunde. Adăugați carnea și gătiți până se rumenește. Adăugați lăstarii de bambus și ciupercile și gătiți timp de 1 minut. Adăugați vin sau sherry, zahăr și sos de soia și asezonați cu sare și piper. Adăugați supa, aduceți la fierbere, acoperiți și gătiți timp de 3 minute.

Amestecați făina de porumb și apa împreună în cratiță și amestecați până când sosul devine gros.

Carne de vită prăjită chinezească

pentru 4 persoane

45 ml / 3 linguri ulei de arahide (arahide)
900 g friptură de coastă
1 ceapa primavara (umeri), taiata felii
1 catel de usturoi tocat marunt
1 felie radacina de ghimbir, tocata
60 ml / 4 linguri sos de soia
30 ml / 2 linguri vin de orez sau sherry uscat
5 ml / 1 lingurita zahar
5 ml / 1 linguriță sare
un praf de piper
750 ml/punctul 1/3 cani apa clocotita

Încinge uleiul și prăjește carnea rapid pe toate părțile. Adăugați ceapa primăvară, usturoiul, ghimbirul, sosul de soia, vinul sau sherry, zahărul, sare și piper. Aduceți la fierbere în timp ce amestecați. Adăugați apă clocotită, aduceți din nou la fiert, amestecați, acoperiți și fierbeți timp de aproximativ 2 ore până când carnea este fragedă.

Friptura cu muguri de fasole

pentru 4 persoane

450 g carne slabă de vită, feliată

1 albus de ou

30 ml / 2 linguri ulei de arahide

15 ml / 1 lingură făină de porumb (amidon de porumb)

15 ml/1 lingura sos de soia

100 g muguri de fasole

25 g / 1 oz varză, măruntită

1 ardei rosu, ras

2 cepe de primăvară (cepe), ras

2 felii rădăcină de ghimbir, rasă

Sare

5 ml / 1 linguriță sos de stridii

5 ml / 1 linguriță ulei de susan

Amestecați carnea cu albușul, jumătate de ulei, amidonul de porumb și sosul de soia și lăsați-o să se odihnească 30 de minute. Se fierbe mugurii de fasole în apă clocotită timp de aproximativ 8 minute până când sunt aproape fragezi, apoi se scurg. Se încălzește uleiul rămas și se rumenește ușor carnea, apoi se scoate din tigaie. Adăugați varza, ardeiul iute, ghimbirul, sarea, sosul de stridii și uleiul de susan și prăjiți timp de 2 minute. Adăugați mugurii de fasole și gătiți timp de 2 minute. Puneți carnea înapoi în tigaie și gătiți până este bine amestecată și încălzită. Serviți imediat.

Friptura cu broccoli

pentru 4 persoane

450 g / 1 lb muschi de vita, feliat subtire
30 ml / 2 linguri faina de porumb (amidon de porumb)
15 ml / 1 lingura vin de orez sau sherry uscat
15 ml/1 lingura sos de soia
30 ml / 2 linguri ulei de arahide
5 ml / 1 linguriță sare
1 catel de usturoi zdrobit
225 g / 8 oz buchete de broccoli
150 ml / ¬° pt / ¬Ω cană bulion de vită generoasă

Pune friptura într-un castron. Amestecați 15 ml / 1 lingură făină de porumb cu vin sau sherry și sos de soia, adăugați carnea și marinați timp de 30 de minute. Se încălzeşte uleiul cu sare și usturoi și se prăjește până când usturoiul devine ușor auriu. Adăugați friptura în marinadă și rumeniți timp de 4 minute. Adăugați broccoli și gătiți timp de 3 minute. Adăugați bulionul, aduceți la fierbere, acoperiți și gătiți timp de 5 minute, până când broccoli este fraged, dar încă crocant. Se amestecă restul de mălai cu puțină apă și se adaugă sosul. Gatiti la foc mic, amestecand, pana cand sosul devine transparent si se ingroasa.

Friptura cu seminte de susan si broccoli

pentru 4 persoane

150 g carne slabă de vită, feliată subțire
2,5 ml / ¬Ω lingurita sos de stridii
5 ml / 1 linguriță făină de porumb (amidon de porumb)
5 ml / 1 linguriță oțet de vin alb
60 ml / 4 linguri ulei de arahide
100 g / 4 oz buchete de broccoli
5 ml/1 lingurita sos de peste
2,5 ml / ¬Ω lingurita sos de soia
250 ml / 8 fl oz / 1 cană bulion de vită
30 ml / 2 linguri de seminte de susan

Marinați carnea cu sosul de stridii, 2,5 ml / ¬Ω linguriță de porumb, 2,5 ml / ¬Ω linguriță de oțet de vin și 15 ml / 1 lingură ulei timp de 1 oră.

Între timp, încălziți 15 ml / 1 lingură ulei, adăugați broccoli, 2,5 ml / ¬Ω linguriță de sos de pește, sosul de soia și restul de oțet de vin și turnați peste apă clocotită. Gatiti la foc mic aproximativ 10 minute pana se inmoaie.

Se încălzește 30 ml / 2 linguri de ulei într-o tigaie separată și se prăjește puțin carnea până se rumenește. Adăugați bulionul, porumb și sosul de pește rămas, aduceți la fierbere, acoperiți și fierbeți aproximativ 10 minute până când carnea este fragedă. Scurgeți broccoli și puneți-l pe o farfurie caldă. Se acopera cu carne si se presara generos cu seminte de susan.

Carne la gratar

pentru 4 persoane

450g/1lb carne macră de vită, feliată

60 ml / 4 linguri sos de soia

2 catei de usturoi, tocati

5 ml / 1 linguriță sare

2,5 ml / ¬Ω lingurita piper proaspat macinat

10 ml / 2 lingurițe de zahăr

Se amestecă toate ingredientele și se lasă timp de 3 ore. Se prăjește sau se prăjește pe un grătar încins timp de aproximativ 5 minute pe fiecare parte.

Carne cantoneză

pentru 4 persoane

30 ml / 2 linguri faina de porumb (amidon de porumb)
Bateți 2 albușuri spumă până la vârfuri tari
450g/1lb carne de vită, tăiată fâșii
Se prăjește în ulei
4 bucati de telina, tocata
2 cepe tocate marunt
60 ml / 4 linguri apă
20 ml / 4 linguri sare
75 ml / 5 linguri sos de soia
60 ml / 4 linguri vin de orez sau sherry uscat
30 ml / 2 linguri de zahăr
piper proaspăt măcinat

Se amestecă jumătate din amidonul de porumb cu albușul de ou. Adăugați friptura și amestecați pentru a acoperi carnea cu amestecul. Încinge uleiul și prăjește friptura până se rumenește. Scoatem din tava si scurgem pe hartie de bucatarie. Se încălzesc 15 ml / 1 lingură de ulei și se prăjesc țelina și ceapa timp de 3 minute. Adăugați carne, apă, sare, sos de soia, vin sau sherry și zahăr și asezonați cu piper. Se aduce la fierbere si se fierbe, amestecand, pana se ingroasa sosul.

Vitel cu morcovi

pentru 4 persoane

30 ml / 2 linguri ulei de arahide
450 g carne slabă de vită, tăiată cubulețe
2 cepe de primăvară (cepe), tăiate felii
2 catei de usturoi, tocati
1 felie radacina de ghimbir, tocata
250 ml / 8 fl oz / 1 cană sos de soia
30 ml / 2 linguri vin de orez sau sherry uscat
30 ml / 2 linguri zahăr brun
5 ml / 1 linguriță sare
600 ml / 1 pt / 2 Ω cană de apă
4 morcovi, tăiați în diagonală

Se incinge uleiul si se prajeste carnea pana se rumeneste usor. Scurgeți excesul de ulei și adăugați ceapa primăvară prăjită, usturoiul, ghimbirul și anasonul timp de 2 minute. Adăugați sos de soia, vin sau sherry, zahăr și sare și amestecați bine. Adăugați apă, aduceți la fiert, acoperiți și fierbeți timp de 1 oră. Adăugați morcovii, acoperiți și gătiți încă 30 de minute. Scoateți capacul și gătiți până când sosul s-a redus.

Friptură cu nuci caju

pentru 4 persoane

60 ml / 4 linguri ulei de arahide
450 g / 1 lb muschi de vita, feliat subtire
8 cepe de primăvară (cepe), tăiate felii
2 catei de usturoi, tocati
1 felie radacina de ghimbir, tocata
75 g / 3 oz / ¬œ cană caju prăjite
120 ml / 4 fl oz / ¬Ω cană de apă
20 ml / 4 linguri faina de porumb (amidon de porumb)
20 ml / 4 linguri de sos de soia
5 ml / 1 linguriță ulei de susan
5 ml / 1 linguriță sos de stridii
5 ml / 1 linguriță sos chili

Se încălzește jumătate din ulei și se prăjește carnea până se rumenește. Scoateți din tigaie. Încinge uleiul rămas și prăjește în el ceapa primăvară, usturoiul, ghimbirul și caju pentru 1 minut. Întoarceți carnea în tigaie. Adăugați restul ingredientelor și turnați amestecul în tigaie. Se aduce la fierbere și se fierbe, amestecând, până când amestecul se îngroașă.

Caserolă cu carne de vită la fierbere lentă

pentru 4 persoane

30 ml / 2 linguri ulei de arahide

450 g carne aburită, tăiată cubulețe

3 felii de rădăcină de ghimbir, tocate

3 morcovi tăiați felii

1 dovleac feliat

15 ml / 1 lingură curmale negre, tăiate

15 ml / 1 lingura de seminte de lotus

30 ml / 2 linguri piure de roșii (pastă)

10 ml / 2 linguri sare

900 ml / 1¬Ω pt / 3¬œ cană bulion de vită

250 ml / 1 cană vin de orez sau sherry uscat

Se încălzește uleiul într-o tigaie mare sau într-o tigaie și se rumenește carnea pe toate părțile.

Friptura cu conopida

pentru 4 persoane

225 g / 8 oz buchețe de conopidă

Se prăjește în ulei

225 g carne de vită tăiată fâșii

50 g muguri de bambus, tăiați în fâșii

10 castane de apă tăiate fâșii

120 ml / 4 fl oz / ¬Ω cană supă de pui

15 ml/1 lingura sos de soia

15 ml/1 lingura sos de stridii

15 ml / 1 lingura piure de rosii (pasta)

15 ml / 1 lingură făină de porumb (amidon de porumb)

2,5 ml / ¬Ω linguriță ulei de susan

Se fierbe conopida în apă clocotită timp de 2 minute, apoi se scurge. Se încălzește uleiul și se prăjește conopida până se rumenește. Se scurge pe hartie de bucatarie si se scurge. Se încălzește uleiul și se prăjește carnea până se rumenește, apoi se scoate și se rupe fâșii. Turnați 15 ml / 1 lingură din toate, cu excepția uleiului, în lăstarii de bambus și udați castane timp de 2 minute. Adăugați restul ingredientelor, aduceți la fiert și gătiți, amestecând, până se îngroașă sosul. Întoarceți carnea și conopida în tigaie și încălziți ușor. Serviți imediat.

Vițel cu țelină

pentru 4 persoane

100 g țelină, tăiată fâșii
45 ml / 3 linguri ulei de arahide (arahide)
2 cepe primare (cepe), tocate fin
1 felie radacina de ghimbir, tocata
225 g carne slabă de vită tăiată fâșii
30 ml / 2 linguri sos de soia
30 ml / 2 linguri vin de orez sau sherry uscat
2,5 ml / ¬Ω linguriță de zahăr
2,5 ml / ¬Ω linguriță de sare

Se fierbe țelina în apă clocotită timp de 1 minut, apoi se scurge bine. Se încălzește uleiul și se prăjește ceapa primăvară și ghimbirul până se rumenesc. Adăugați carnea și gătiți timp de 4 minute. Adăugați țelina și gătiți timp de 2 minute. Adăugați sos de soia, vin sau sherry, zahăr și sare și gătiți timp de 3 minute.

Roast beef felii cu telina

pentru 4 persoane

30 ml / 2 linguri ulei de arahide

450 g carne slabă de vită, feliată

3 tulpini de țelină, mărunțite

1 ceapă, rasă

1 ceapa primavara (umeri), taiata felii

1 felie radacina de ghimbir, tocata

30 ml / 2 linguri sos de soia

15 ml / 1 lingura vin de orez sau sherry uscat

2,5 ml / ¬Ω linguriță de zahăr

2,5 ml / ¬Ω linguriță de sare

10 ml / 2 linguri faina de porumb (amidon de porumb)

30 ml / 2 linguri apă

Se încălzește jumătate din ulei până este foarte fierbinte și se prăjește carnea timp de 1 minut până se rumenește. Scoateți din tigaie. Se încălzește uleiul rămas și se fierbe ușor țelina, ceapa, ceapa primăvară și ghimbirul. Pune carnea înapoi în tigaia cu sos de soia, vin sau sherry, zahăr și sare, dam la fiert și la foc iute. Combinați făina de porumb și apa, amestecați în oală și fierbeți până când sosul devine gros. Serviți imediat.

Friptura taiata cu pui si telina

pentru 4 persoane

4 ciuperci chinezești uscate

45 ml / 3 linguri ulei de arahide (arahide)

2 catei de usturoi, tocati

1 rădăcină de ghimbir, feliată și tocată mărunt

5 ml / 1 linguriță sare

100 g carne slabă de vită tăiată fâșii

100 g pui tăiat fâșii

2 morcovi, tăiați fâșii

2 tulpini de telina, taiate fasii

4 cepe, tăiate fâșii

5 ml / 1 lingurita zahar

5 ml / 1 linguriță sos de soia

5 ml / 1 linguriță vin de orez sau sherry uscat

45 ml / 3 linguri apă

5 ml / 1 linguriță făină de porumb (amidon de porumb)

Înmuiați ciupercile în apă caldă timp de 30 de minute, apoi filtrați. Aruncați tulpinile și tăiați vârfurile. Se încălzește uleiul și se prăjește usturoiul, ghimbirul și sarea până se rumenesc. Adăugați carnea de vită și pui și gătiți până încep să se rumenească. Adaugati telina, ceapa primavara, zaharul, sosul de soia, vinul sau sherry si apa si aduceti la fiert. Acoperiți și fierbeți timp de aproximativ 15 minute până când carnea este fragedă. Făina de porumb se amestecă cu puțină apă, se amestecă cu sosul și se gătește până când sosul devine gros.

Friptură cu Chile

pentru 4 persoane

450 g/1 lb muschi de vita, taiat fasii

45 ml / 3 linguri sos de soia

15 ml / 1 lingura vin de orez sau sherry uscat

15 ml / 1 lingura de zahar brun

15 ml / 1 lingura radacina de ghimbir tocata marunt

30 ml / 2 linguri ulei de arahide

50 g muguri de bambus, tăiați în bucăți

1 ceapa taiata fasii

1 tulpină de țelină, tăiată în bețișoare de chibrit

2 ardei iute roșii, fără semințe și tăiați fâșii

120 ml / 4 fl oz / ¬Ω cană supă de pui

15 ml / 1 lingură făină de porumb (amidon de porumb)

Pune friptura într-un castron. Amestecați sosul de soia, vinul sau sherry, zahărul și ghimbirul și amestecați cu friptura. Se lasa la marinat 1 ora. Scoateți friptura din marinadă. Se încălzește jumătate din ulei și se prăjesc lăstarii de bambus, ceapa, țelina și ardeiul iute timp de 3 minute, apoi se scot din tigaie. Încinge uleiul rămas și prăjește friptura timp de 3 minute. Adaugam marinata, aducem la fiert si adaugam legumele prajite. Gatiti la foc mic, amestecand, timp de 2 minute. Se amestecă bulionul și mălaiul și se adaugă în tigaie. Se aduce la fierbere și se fierbe, amestecând, până când sosul se limpezește și se îngroașă.

Varză chinezească de vită

pentru 4 persoane

225 g carne de vită slabă
30 ml / 2 linguri ulei de arahide
350 g varză chinezească, mărunțită
120 ml / 4 fl oz / ½ cană bulion de vită
Sare si piper proaspat macinat
10 ml / 2 linguri faina de porumb (amidon de porumb)
30 ml / 2 linguri apă

Tăiați carnea în felii subțiri împotriva bobului. Încinge uleiul și prăjește carnea până se rumenește. Adăugați varza chinezească și fierbeți până se înmoaie ușor. Adăugați supa, aduceți la fiert, asezonați cu sare și piper. Acoperiți și fierbeți timp de 4 minute până când carnea este fragedă. Amestecați făina de porumb și apa împreună în cratiță și amestecați până când sosul devine gros.

Carne de vită Suey

pentru 4 persoane

3 bucati de telina, tocata

100 g muguri de fasole

100 g / 4 oz buchete de broccoli

60 ml / 4 linguri ulei de arahide

3 cepe primavara, tocate marunt

2 catei de usturoi, tocati

1 felie radacina de ghimbir, tocata

225 g carne slabă de vită tăiată fâșii

45 ml / 3 linguri sos de soia

15 ml / 1 lingura vin de orez sau sherry uscat

5 ml / 1 linguriță sare

2,5 ml / ¬Ω linguriță de zahăr

piper proaspăt măcinat

15 ml / 1 lingură făină de porumb (amidon de porumb)

Se fierbe țelina, mugurii de fasole și broccoli în apă clocotită timp de 2 minute, se scurg și se usucă. Se încălzesc 45 ml / 3 linguri de ulei și se prăjesc ceapa primăvară, usturoiul și ghimbirul până devin aurii. Adăugați carnea și gătiți timp de 4 minute. Scoateți din tigaie. Încinge uleiul rămas și prăjește legumele timp de 3 minute. Adăugați carnea, sosul de soia, vinul sau sherry, sare, zahărul și un praf de piper și gătiți timp de 2 minute. Făina de porumb se amestecă cu puțină apă, se amestecă în oală și se amestecă până când sosul este limpede și se îngroașă.

Vițel cu castraveți

pentru 4 persoane

450 g / 1 lb muschi de vita, feliat subtire
45 ml / 3 linguri sos de soia
30 ml / 2 linguri faina de porumb (amidon de porumb)
60 ml / 4 linguri ulei de arahide
2 castraveți, curățați de coajă, fără miez și feliați
60 ml / 4 linguri supă de pui
30 ml / 2 linguri vin de orez sau sherry uscat
Sare si piper proaspat macinat

Pune friptura într-un castron. Amestecați sosul de soia și făina de porumb și adăugați-le la friptură. Se lasa la marinat 30 de minute. Se incinge jumatate din ulei si se prajesc castravetii timp de 3 minute pana se opaca, apoi se scot din tigaie. Se încălzește uleiul rămas și se prăjește friptura până se rumenește. Adăugați castraveții și gătiți timp de 2 minute. Adăugați bulion, vin sau sherry și asezonați cu sare și piper. Aduceți la fierbere, acoperiți și fierbeți timp de 3 minute.

Chow Mein de vită

pentru 4 persoane

750 g / 1 ½ lb friptură de muschi

2 cepe

45 ml / 3 linguri sos de soia

45 ml / 3 linguri vin de orez sau sherry uscat

15 ml / 1 lingura unt de arahide

5 ml / 1 linguriță suc de lămâie

350 g taitei cu ou

60 ml / 4 linguri ulei de arahide

175 ml / 6 fl oz / ¾ cană supă de pui

15 ml / 1 lingură făină de porumb (amidon de porumb)

30 ml / 2 linguri sos de stridii

4 cepe primavara, tocate marunt

3 bucati de telina, tocata

100 g ciuperci, feliate

1 ardei gras verde taiat fasii

100 g muguri de fasole

Curățați și îndepărtați grăsimea de pe carne. Tăiați parmezanul în felii subțiri. Tăiați ceapa în rondele, separați straturile.

Amestecați 15 ml / 1 lingură sos de soia cu 15 ml / 1 lingură vin sau sherry, unt de arahide și suc de lămâie. Se adauga carnea, se acopera si se lasa la odihnit 1 ora. Fierbe pastele în apă clocotită aproximativ 5 minute sau până se înmoaie. Scurgeți bine. Încingeți 15 ml / 1 lingură ulei, adăugați 15 ml / 1 lingură sos de soia în tăiței și prăjiți timp de 2 minute până se rumenesc ușor. Puneți într-un castron cald.

Amestecați restul de sos de soia și vinul sau sherry cu bulionul, porumbul și sosul de stridii. Încinge 15 ml / 1 lingură de ulei și prăjește ceapa timp de 1 minut. Adăugați țelina, ciupercile, ardeiul și mugurii de fasole și gătiți timp de 2 minute. Scoateți din wok. Se încălzește uleiul rămas și se prăjește carnea până se rumenește. Adăugați amestecul de bulion, aduceți la fierbere, acoperiți și fierbeți timp de 3 minute. Puneți legumele înapoi în wok și amestecați aproximativ 4 minute până când sunt calde. Turnați amestecul peste paste și serviți.

File de castraveți

pentru 4 persoane

450 g / 1 lb friptură de file

10 ml / 2 linguri faina de porumb (amidon de porumb)

10 ml / 2 lingurițe sare

2,5 ml / ½ lingurita piper proaspat macinat

90 ml / 6 linguri ulei de arahide (arahide)

1 ceapa tocata marunt

1 castravete, curatat de coaja si feliat

120 ml / 4 fl oz / ½ cană bulion de vită

Tăiați fileul în fâșii, apoi lângă pahar în felii subțiri. Se pune intr-un bol si se adauga amidon de porumb, sare, piper si jumatate din ulei. Se lasa la marinat 30 de minute. Se încălzește uleiul rămas și se prăjește carnea și ceapa până se rumenesc. Adăugați castravetele și bulionul, aduceți la fiert, acoperiți și gătiți timp de 5 minute.

Carne de vită curry

pentru 4 persoane

45 ml / 3 linguri de unt
15 ml / 1 lingură pudră de curry
45 ml / 3 linguri făină simplă (toate scopuri)
375 ml / 13 fl oz / 1 Ω cană de lapte
15 ml/1 lingura sos de soia
Sare si piper proaspat macinat
450 g carne de vită fiartă, tocată
100 g mazăre
2 morcovi, tocați mărunt
2 cepe tocate marunt
225 g orez cu bob lung, fierbinte
1 ou fiert tare (fiert), feliat

Topiți untul, adăugați curry și făina și gătiți timp de 1 minut. Adăugați laptele și sosul de soia, aduceți la fierbere și amestecați timp de 2 minute. Adăugați sare și piper. Adăugați carnea de vită, mazărea, morcovii și ceapa și amestecați bine pentru a se îmbrăca cu sosul. Adăugați orezul, apoi turnați amestecul într-o tigaie și prăjiți în cuptorul preîncălzit la 200

∞C / 400 ∞F / gaz mark 6 timp de 20 de minute, până când legumele sunt moi. Se servesc ornat cu felii de ou fiert tare.

Omletă de castane cu șuncă și apă

2 portii

30 ml / 2 linguri ulei de arahide

1 ceapa tocata marunt

1 catel de usturoi zdrobit

50 g sunca tocata

50 g castane de apa, tocate

15 ml/1 lingura sos de soia

50 g brânză cheddar

3 oua batute

Se încălzește jumătate din ulei și se prăjește ceapa, usturoiul, șunca, castanele de apă și sosul de soia până se rumenesc. Scoateți-le din tigaie. Încinge uleiul rămas, adaugă ouăle, iar când începe să se îngroașe, pune oul în mijloc ca să curgă sub oul roșu. Cand ouale sunt gata, turnam amestecul de sunca intr-o jumatate de tortilla, garnisiti cu branza si acoperiti cealalta jumatate de tortilla. Acoperiți și gătiți timp de 2 minute, răsturnați și gătiți încă 2 minute până când se rumenesc.

Omletă de homar

pentru 4 persoane

4 ouă

Sare si piper proaspat macinat

30 ml / 2 linguri ulei de arahide

3 cepe primavara, tocate marunt

100 g carne de homar, tocata

Se bat ouale usor si se condimenteaza cu sare si piper. Încinge uleiul și prăjește ceapa primăvară timp de 1 minut. Adăugați homarul și amestecați până când sunt acoperiți cu ulei. Turnați ouăle în tigaie și înclinați tigaia astfel încât ouăle să acopere suprafața. Ridicați marginile tortillei când oul s-a întărit, astfel încât oul crud să poată aluneca pe dedesubt. Gatiti pana este gata, apoi pliati in jumatate si serviti imediat.

Omletă cu stridii

pentru 4 persoane

4 ouă

120 ml / 4 fl oz / ½ cană lapte

12 scoici de stridii

3 cepe primavara, tocate marunt

Sare si piper proaspat macinat

30 ml / 2 linguri ulei de arahide

50 g carne de porc slaba, tocata marunt

50 g ciuperci, feliate

50 g / 2 oz muguri de bambus, feliați

Bateți ușor ouăle împreună cu laptele, stridiile, ceapa primăvară, sare și piper. Încinge uleiul și prăjește carnea de porc până se rumenește. Adăugați ciupercile la lăstarii de bambus și gătiți timp de 2 minute. Se toarnă amestecul de ouă în tigaie și se aduce la fierbere, ridicând marginile omletei pe măsură ce ouăle se întăresc, astfel încât oul crud să poată aluneca dedesubt. Se prăjește până este gata, apoi se pliază în jumătate, se răstoarnă tortilla și se prăjește cealaltă parte până se rumenește. Serviți imediat.

Omletă de creveți

pentru 4 persoane

4 ouă

15 ml / 1 lingura vin de orez sau sherry uscat

Sare si piper proaspat macinat

30 ml / 2 linguri ulei de arahide

1 felie radacina de ghimbir, tocata

225 g creveți curățați

Bateți ușor ouăle împreună cu vinul sau sherry și adăugați sare și piper. Se încălzește uleiul și se prăjește ghimbirul până devine ușor auriu. Adăugați creveții și amestecați până când sunt acoperiți cu ulei. Turnați ouăle în tigaie și înclinați tigaia astfel încât ouăle să acopere suprafața. Ridicați marginile tortillei când oul s-a întărit, astfel încât oul crud să poată aluneca pe dedesubt. Gatiti pana este gata, apoi pliati in jumatate si serviti imediat.

Omletă cu scoici

pentru 4 persoane

4 ouă

5 ml / 1 linguriță sos de soia

Sare si piper proaspat macinat

30 ml / 2 linguri ulei de arahide

3 cepe primavara, tocate marunt

225 g midii, împărțite în jumătate

Bateți ușor ouăle împreună cu sosul de soia și asezonați cu sare și piper. Se incinge uleiul si se caleste ceapa primavara pana se rumeneste. Adăugați scoici și gătiți timp de 3 minute. Turnați ouăle în tigaie și înclinați tigaia astfel încât ouăle să acopere suprafața. Ridicați marginile tortillei când oul s-a întărit, astfel încât oul crud să poată aluneca pe dedesubt. Gatiti pana este gata, apoi pliati in jumatate si serviti imediat.

Omletă cu tofu

pentru 4 persoane

4 ouă

Sare si piper proaspat macinat

30 ml / 2 linguri ulei de arahide

225 g tofu, mărunțit

Se bat ouale usor si se condimenteaza cu sare si piper. Se încălzește uleiul, se adaugă tofu și se fierbe până se încinge. Turnați ouăle în tigaie și înclinați tigaia astfel încât ouăle să acopere suprafața. Ridicați marginile tortillei când oul s-a întărit, astfel încât oul crud să poată aluneca pe dedesubt. Gatiti pana este gata, apoi pliati in jumatate si serviti imediat.

Tortilla umplută cu carne de porc

pentru 4 persoane

50 g / 2 oz muguri de fasole
60 ml / 4 linguri ulei de arahide
225 g carne slabă de porc, feliată
3 cepe primavara, tocate marunt
1 baton de telina tocata marunt
15 ml/1 lingura sos de soia
5 ml / 1 lingurita zahar
4 oua, batute usor
Sare

Se albesc mugurii de fasole în apă clocotită timp de 3 minute, apoi se scurg bine. Se încălzește jumătate din ulei și se prăjește carnea de porc până se rumenește. Adăugați ceapa primăvară și țelina și gătiți timp de 1 minut. Adăugați sosul de soia și zahărul și prăjiți timp de 2 minute. Scoateți din tigaie. Se condimentează ouăle bătute cu sare. Încinge uleiul rămas și toarnă ouăle în tigaie, înclinând tigaia astfel încât ouăle să acopere suprafața. Ridicați marginile tortillei când oul s-a întărit, astfel încât oul crud să poată aluneca pe dedesubt.

Puneți umplutura în mijlocul tortillei și împăturiți-o în jumătate. Gatiti pana cand sunt fierti si serviti imediat.

Tortila umplută cu creveți

pentru 4 persoane

30 ml / 2 linguri ulei de arahide
2 tulpini de telina, tocate
2 cepe primare (cepe), tocate fin
225 g creveți curățați, tăiați în jumătate
4 oua, batute usor
Sare

Se încălzește jumătate din ulei și se prăjește ușor țelina și ceapa. Adăugați creveții și gătiți până sunt foarte fierbinți. Scoateți din tigaie. Se condimentează ouăle bătute cu sare. Încinge uleiul rămas și toarnă ouăle în tigaie, înclinând tigaia astfel încât ouăle să acopere suprafața. Ridicați marginile tortillei când oul s-a întărit, astfel încât oul crud să poată aluneca pe dedesubt. Puneți umplutura în mijlocul tortillei și împăturiți-o în jumătate. Gatiti pana cand sunt fierti si serviti imediat.

Ruladă de tortilla la abur cu umplutură de pui

pentru 4 persoane

4 oua, batute usor

Sare

15 ml / 1 lingura ulei de arahide

100 g pui fiert, tocat

2 felii de rădăcină de ghimbir, tocate

1 ceapa tocata marunt

120 ml / 4 fl oz / ½ cană bulion de pui

15 ml / 1 lingura vin de orez sau sherry uscat

Bateți ouăle și asezonați cu sare. Se încălzește o picătură de ulei și se toarnă un sfert din ouă, înclinând pentru a distribui amestecul în tigaie. Se prăjește pe o parte până se rumenește, se lasă să se odihnească și apoi se acoperă pe o farfurie. Gatiti restul de 4 tortilla. Se amestecă puiul, ghimbirul și ceapa. Împărțiți amestecul uniform între tortilla, rulați-le, fixați-le cu bețișoare de cocktail și puneți rulourile într-o tigaie plată. Grătiți într-un cuptor cu abur, acoperiți și gătiți la abur timp de 15 minute. Se pune intr-un bol caldut si se taie in felii groase.

Între timp, încălziți bulionul și sherry și adăugați sare. Se toarnă peste tortilla și se servește.

clătite cu stridii

Pentru 4-6 portii

12 stridii

4 oua, batute usor

3 cepe de primăvară (cepe), tăiate felii

Sare si piper proaspat macinat

6 ml / 4 linguri făină universală

2,5 ml / ½ linguriță praf de copt

45 ml / 3 linguri ulei de arahide (arahide)

Deglazează stridiile cu 60 ml / 4 linguri rezervă de alcool și toacă-le grosier. Se amestecă ouăle cu stridiile, ceapa primăvară, sare și piper. Amestecam faina si drojdia pana obtii un aluat cu grappa de stridii, apoi amestecam amestecul cu oul. Încinge puțin ulei și prăjește o lingură de aluat pentru a face clătite mici. Se prăjește până se rumenește pe ambele părți, apoi se adaugă puțin ulei în tigaie și se continuă până când se folosește tot amestecul.

Clătite cu creveți

pentru 4 persoane

50 g creveți decojiți, tăiați în bucăți mici

4 oua, batute usor

75 g făină universală

Sare si piper proaspat macinat

120 ml / 4 fl oz / ½ cană bulion de pui

2 cepe primare (cepe), tocate fin

30 ml / 2 linguri ulei de arahide

Se amestecă toate ingredientele, cu excepția uleiului. Se încălzește puțin ulei, se toarnă un sfert din aluat, se înclină tigaia astfel încât să se întindă pe fund. Prăjiți ceapa până se rumenește, întoarceți-o și prăjiți cealaltă parte până se rumenește. Scoateți din tigaie și continuați să gătiți clătitele rămase.

Ouă omlete chinezești

pentru 4 persoane

4 oua batute
2 cepe primare (cepe), tocate fin
Vârf de cuțit de sare
5 ml / 1 lingurita sos de soia (optional)
30 ml / 2 linguri ulei de arahide

Bateți ouăle cu ceapa primăvară, sare și sosul de soia, dacă folosiți. Se încălzește uleiul și apoi se toarnă amestecul de ouă. Se amestecă cu o furculiță până se întărește oul. Serviți imediat.

Ouă cu pește

pentru 4 persoane

225 g / 8 oz file de pește
30 ml / 2 linguri ulei de arahide
1 felie radacina de ghimbir, tocata
2 cepe primare (cepe), tocate fin
4 oua, batute usor
Sare si piper proaspat macinat

Puneți peștele într-o tavă de prăjire și puneți-l pe un suport în aragazul cu aburi. Acoperiți și fierbeți timp de aproximativ 20 de minute, apoi îndepărtați pielea și zdrobiți pulpa. Se încălzește uleiul și se prăjește ghimbirul și ceapa primăvară până se rumenesc. Adăugați peștele și amestecați până când este acoperit cu ulei. Se condimentează ouăle cu sare și piper, apoi se toarnă în tigaie și se amestecă ușor cu o furculiță până când ouăle sunt moi. Serviți imediat.

Ouă cu ciuperci

pentru 4 persoane

30 ml / 2 linguri ulei de arahide
4 oua batute
3 cepe primavara, tocate marunt
Vârf de cuțit de sare
5 ml / 1 linguriță sos de soia
100 g ciuperci, tocate grosier

Se incinge jumatate din ulei si se prajesc ciupercile cateva minute, apoi se scot din tigaie. Bateți ouăle cu ceapa primăvară, sare și sosul de soia. Se încălzește uleiul rămas și se adaugă amestecul de ouă. Se amestecă ușor cu o furculiță până când ouăle încep să se îngroașe, apoi se pun ciupercile înapoi în tigaie și se fierb până se întăresc ouăle. Serviți imediat.

Ouă cu sos de stridii

pentru 4 persoane

4 oua batute

3 cepe primavara, tocate marunt

Sare si piper proaspat macinat

5 ml / 1 linguriță sos de soia

30 ml / 2 linguri ulei de arahide

15 ml/1 lingura sos de stridii

100 g sunca fiarta, maruntita

2 buc. patrunjel plat

Bateți ouăle cu ceapa primăvară, sare, piper și sosul de soia. Adăugați jumătate din ulei. Se încălzește uleiul rămas și se adaugă amestecul de ouă. Se amestecă ușor cu o furculiță până când ouăle încep să se îngroașă, apoi se adaugă sosul de stridii și se fierbe până se întăresc ouăle. Se servesc ornat cu sunca si patrunjel.

Ouă cu carne de porc

pentru 4 persoane

225 g carne slabă de porc, feliată
30 ml / 2 linguri sos de soia
30 ml / 2 linguri ulei de arahide
2 cepe primare (cepe), tocate fin
4 ouă bătute
Vârf de cuțit de sare
5 ml / 1 linguriță sos de soia

Amestecați carnea de porc și sosul de soia pentru a acoperi bine carnea de porc. Încinge uleiul și prăjește carnea de porc până se rumenește. Adăugați ceapa și gătiți timp de 1 minut. Bateți ouăle cu ceapa primăvară, sare și sosul de soia, apoi turnați amestecul de ouă în tigaie. Se amestecă cu o furculiță până se întărește oul. Serviți imediat.

Ouă cu carne de porc și creveți

pentru 4 persoane

100 g carne de porc (tocata)

225 g creveți curățați

2 cepe primare (cepe), tocate fin

1 felie radacina de ghimbir, tocata

5 ml / 1 linguriță făină de porumb (amidon de porumb)

15 ml / 1 lingura vin de orez sau sherry uscat

15 ml/1 lingura sos de soia

Sare si piper proaspat macinat

45 ml / 3 linguri ulei de arahide (arahide)

4 oua, batute usor

Amestecați carnea de porc, creveții, ceai, ghimbir, amidon de porumb, vin sau sherry, sos de soia, sare și piper. Se încălzește uleiul și se prăjește amestecul de carne de porc până se rumenește. Se toarnă ouăle și se amestecă ușor cu o furculiță până se întăresc ouăle. Serviți imediat.

Ouă cu spanac

pentru 4 persoane

45 ml / 3 linguri ulei de arahide (arahide)

225 g spanac

4 ouă bătute

2 cepe primare (cepe), tocate fin

Vârf de cuțit de sare

Se încălzește jumătate din ulei și se prăjește spanacul pentru câteva minute, până când culoarea verde deschis dispare. Scoateți din tigaie și tăiați în bucăți mici. Bateți ouăle cu ceapa primăvară, sare și sosul de soia, dacă folosiți. Adăugați spanacul. Se încălzește uleiul și apoi se toarnă amestecul de ouă. Se amestecă cu o furculiță până se întărește oul. Serviți imediat.

Ouă cu ceapă

pentru 4 persoane

4 oua batute

8 ceapa primavara, tocata marunt

Sare si piper proaspat macinat

5 ml / 1 linguriță sos de soia

30 ml / 2 linguri ulei de arahide

Bateți ouăle cu ceapa primăvară, sare, piper și sosul de soia. Se încălzește uleiul și apoi se toarnă amestecul de ouă. Se amestecă cu o furculiță până se întărește oul. Serviți imediat.

Ouă cu roșii

pentru 4 persoane

4 oua batute

2 cepe primare (cepe), tocate fin

Vârf de cuțit de sare

30 ml / 2 linguri ulei de arahide

3 roșii, curățate și tăiate felii

Bateți ouăle cu ceapa primăvară și sarea. Se încălzește uleiul și apoi se toarnă amestecul de ouă. Se amestecă ușor până când ouăle încep să se îngroașă, apoi se adaugă roșiile și se continuă să gătească, amestecând, până se îngroașă. Serviți imediat.

Ouă cu legume

pentru 4 persoane

30 ml / 2 linguri ulei de arahide

5 ml / 1 linguriță ulei de susan

1 ardei verde, feliat

1 catel de usturoi tocat marunt

100 g mazăre dulce, împărțită în jumătate

4 oua batute

2 cepe primare (cepe), tocate fin

Vârf de cuțit de sare

5 ml / 1 linguriță sos de soia

Se încălzește jumătate din uleiul de arahide cu ulei de susan și se prăjește ardeiul și usturoiul până devin aurii. Adăugați mazăre dulce și gătiți timp de 1 minut. Bateți ouăle cu ceapa primăvară, sare și sosul de soia, apoi turnați amestecul în tigaie. Se amestecă cu o furculiță până se întărește oul. Serviți imediat.

Sufleu de pui

pentru 4 persoane

100 g piept de pui tocat

(De obicei)

45 ml / 3 linguri supă de pui

2,5 ml / ½ linguriță sare

4 ouă

75 ml / 5 linguri ulei de arahide (arahide)

Se amestecă bine puiul, bulionul și sare. Bate albusurile spuma tare si adauga masa. Se încălzește uleiul până se afumă, se adaugă amestecul și se amestecă bine, apoi se reduce focul și se continuă fierberea, amestecând ușor, până când amestecul se îngroașă.

sufle de crab

pentru 4 persoane

100 g carne de crab, în fulgi

Sare

15 ml / 1 lingură făină de porumb (amidon de porumb)

120 ml / 4 fl oz / ½ cană lapte

4 ouă

75 ml / 5 linguri ulei de arahide (arahide)

Se amestecă carnea de crab, sarea, amidonul de porumb și se amestecă bine. Bateți albușurile spumă până se întăresc, apoi amestecați-le în amestec. Se încălzește uleiul până se afumă, se adaugă amestecul și se amestecă bine, apoi se reduce focul și se continuă fierberea, amestecând ușor, până când amestecul se îngroașă.

Sufleu de crab și ghimbir

pentru 4 persoane

75 ml / 5 linguri ulei de arahide (arahide)

2 felii de rădăcină de ghimbir, tocate

1 ceapă primăvară (ceapă ceapă), tocată mărunt

100 g carne de crab, în fulgi

Sare

15 ml / 1 lingura vin de orez sau sherry uscat

120 ml / 4 ft oz / k cană de lapte

60 ml / 4 linguri supă de pui

15 ml / 2 linguri faina de porumb (amidon de porumb)

4 ouă

5 ml / 1 linguriță ulei de susan

Se încălzește jumătate din ulei și se prăjește ghimbirul și ceapa până se înmoaie. Se adauga carnea de crab si sarea, se ia de pe foc si se lasa sa se raceasca putin. Se amestecă vinul sau sherry, laptele, bulionul și amidonul de porumb și se adaugă la amestecul de crabi. Bateți albușurile spumă până se întăresc, apoi amestecați-le în amestec. Se încălzește uleiul rămas până se afumă, se adaugă amestecul și se amestecă bine, apoi se reduce focul și se continuă să gătească, amestecând ușor, până când amestecul se îngroașă.

Sufleu de pește

pentru 4 persoane

3 ouă, separate

5 ml / 1 linguriță sos de soia

5 ml / 1 lingurita zahar

Sare si piper proaspat macinat

450 g / 1 lb file de pește

45 ml / 3 linguri ulei de arahide (arahide)

Se amestecă gălbenușurile de ou cu sosul de soia, zahărul, sare și piper. Tăiați peștele în bucăți mari. Înmuiați peștele în amestec până când este bine acoperit. Se încălzește uleiul și se prăjește peștele până când fundul se rumenește ușor. Între timp, bate albușurile spumă spumă tare. Întoarceți peștele cu susul în jos și puneți albușul pe pește. Gatiti 2 minute pana ce baza se rumeneste usor, apoi intoarceti si gatiti inca 1 minut pana cand albusurile sunt tari si aurii. Se serveste cu sos de rosii.

Sufle de creveți

pentru 4 persoane

225 g creveți decojiți, tăiați în bucăți mici
1 felie radacina de ghimbir, tocata
15 ml / 1 lingura vin de orez sau sherry uscat
15 ml/1 lingura sos de soia
Sare si piper proaspat macinat
4 ouă
45 ml / 3 linguri ulei de arahide (arahide)

Se amestecă creveții, ghimbirul, vinul sau sherry, sosul de soia, sare și piper. Bateți albușurile spumă pana se întăresc, apoi amestecați-le în amestec. Se încălzește uleiul pană se afumă, se adaugă amestecul și se amestecă bine, apoi se reduce focul și se continuă fierberea, amestecând ușor, până când amestecul se îngroașă.

Sufleu de creveți cu muguri de fasole

pentru 4 persoane

100 g muguri de fasole
100 g creveți decojiți, tăiați grosier
2 cepe primare (cepe), tocate fin
5 ml / 1 linguriță făină de porumb (amidon de porumb)
15 ml / 1 lingura vin de orez sau sherry uscat
120 ml / 4 fl oz / ½ cană bulion de pui
Sare
4 ouă
45 ml / 3 linguri ulei de arahide (arahide)

Se albesc mugurii de fasole în apă clocotită timp de 2 minute, apoi se strecoară și se păstrează la cald. Între timp, amestecați creveții, ceapa, amidonul de porumb, vinul sau sherry, bulionul și asezonați cu sare. Bateți albușurile spumă până se întăresc, apoi amestecați-le în amestec. Se încălzește uleiul până se afumă, se adaugă amestecul și se amestecă bine, apoi se reduce focul şi se continuă fierberea, amestecând uşor, până când amestecul se îngroaşă. Se aseaza pe o farfurie calda si se orneaza cu muguri de fasole.

Sufleu de legume

pentru 4 persoane

5 ouă, separate

3 cartofi rasi

1 ceapa mica, tocata marunt

15 ml / 1 lingura patrunjel proaspat tocat

5 ml / 1 linguriţă sos de soia

Sare si piper proaspat macinat

Bate albusurile spuma tare. Se bat gălbenuşurile până sunt uşor şi gros, apoi se adaugă cartofii, ceapa, pătrunjelul şi sosul de soia şi se amestecă bine.

Adăugaţi albuşul. Se toarnă într-o tavă unsă pentru sufleu şi se coace în cuptorul preîncălzit la 180 °C, marcaj gaz 4, timp de cca. Coaceţi timp de 40 de minute.

Foo Yung Egg

pentru 4 persoane

4 oua, batute usor

Sare

100 g pui fiert, tocat

1 ceapa tocata marunt

2 tulpini de telina, tocate

50 g ciuperci, tocate mărunt

30 ml / 2 linguri ulei de arahide

sos de ou foo yung

Se amestecă ouăle, sarea, puiul, ceapa, țelina și ciupercile. Încinge puțin ulei și toarnă un sfert din amestec în tigaie. Gatiti pana cand fundul se rumeneste usor, apoi intoarceti-l si gatiti si cealalta parte. Servit cu sos de ou foo yung.

Foo Yung ouă prăjite

pentru 4 persoane

4 oua, batute usor

5 ml / 1 linguriță sare

100 g sunca afumata, tocata

100 g ciuperci tocate mărunt

15 ml/1 lingura sos de soia

Se prăjește în ulei

Se amestecă ouăle cu sarea, șunca, ciupercile și sosul de soia. Se încălzește uleiul și se toarnă cu grijă linguri de amestec în ulei. Se prăjesc până se ridică la suprafață, întorcând ambele părți până se rumenesc. Scoateți din ulei și prăjiți clătitele rămase.

Crab Foo Yung cu ciuperci

pentru 4 persoane

6 oua batute

45 ml / 3 linguri faina de porumb (amidon de porumb)

100 g carne de crab

100 g ciuperci tăiate cubulețe

100 g mazăre congelată

2 cepe primare (cepe), tocate fin

5 ml / 1 linguriță sare

45 ml / 3 linguri ulei de arahide (arahide)

Bateți oul și apoi adăugați mălaiul. Adăugați toate celelalte ingrediente, cu excepția uleiului. Se încălzește puțin ulei, apoi se toarnă încet în tigaie, astfel încât cca. Obțineți clătite de 7,5 cm lățime. Gatiti pana cand fundul se rumeneste usor, apoi intoarceti-l si gatiti si cealalta parte. Continuați până când se folosește tot amestecul.

Ouă Foo Yung cu șuncă

pentru 4 persoane

60 ml / 4 linguri ulei de arahide

50 g muguri de bambus, tăiați cubulețe

50 g castane de apă, tăiate cubulețe

2 cepe primare (cepe), tocate fin

2 tulpini de telina, tocate

50 g sunca afumata, taiata cubulete

15 ml/1 lingura sos de soia

2,5 ml / ½ linguriță de zahăr

2,5 ml / ½ linguriță sare

4 oua, batute usor

Se încălzește jumătate din ulei și se prăjesc lăstarii de bambus, castanele de apă, ceapa primăvară și țelina timp de aproximativ 2 minute. Adaugam sunca, sosul de soia, zaharul si sarea, scoatem din tigaie si lasam sa se raceasca putin. Adăugați amestecul în oul bătut. Se încălzește puțin uleiul rămas, apoi se toarnă încet în tigaie timp de cca. Obțineți clătite de 7,5 cm lățime. Gatiti pana cand fundul se rumeneste usor, apoi intoarceti-l si gatiti si cealalta parte. Continuați până când se folosește tot amestecul.

Fried Foo Yung Porc

pentru 4 persoane

4 ciuperci chinezești uscate

60 ml / 3 linguri ulei de arahide

100 g carne de porc, tocata

100 g varză chinezească, mărunțită

50 g / 2 oz muguri de bambus, feliați

50 g castane de apă feliate

4 oua, batute usor

Sare si piper proaspat macinat

Înmuiați ciupercile în apă caldă timp de 30 de minute, apoi filtrați. Scoateți tulpinile și tăiați vârfurile. Se încălzesc 30 ml / 2 linguri de ulei și se prăjesc ciuperci, porc, varză, muguri de bambus și castane de apă timp de 3 minute. Se scoate din cuptor si se lasa putin sa se raceasca, apoi se adauga in oua si se condimenteaza cu sare si piper. Se încălzește puțin uleiul rămas, apoi se toarnă încet în tigaie timp de cca. Obțineți clătite de 7,5 cm lățime. Gatiti pana cand fundul se rumeneste usor, apoi intoarceti-l si gatiti si cealalta parte. Continuați până când se folosește tot amestecul.

Foo Yung Ou de porc și creveți

pentru 4 persoane

45 ml / 3 linguri ulei de arahide (arahide)
100 g carne slabă de porc, feliată
1 ceapa tocata marunt
225 g creveți, curățați și tăiați
50 g varză chinezească, mărunțită
4 oua, batute usor
Sare si piper proaspat macinat

Se încălzesc 30 ml / 2 linguri de ulei și se prăjesc carnea de porc și ceapa până se rumenesc. Se adauga crevetii si se calesc pana se imbraca in ulei, apoi se adauga varza, se amesteca bine, se acopera si se fierbe 3 minute. Se scot din tava si se lasa sa se raceasca putin. Adăugați amestecul de carne în ouă și asezonați cu sare și piper. Se încălzește puțin uleiul rămas, apoi se toarnă încet în tigaie timp de cca. Obțineți clătite de 7,5 cm lățime. Gatiti pana cand fundul se rumeneste usor, apoi intoarceti-l si gatiti si cealalta parte. Continuați până când se folosește tot amestecul.

orez alb

pentru 4 persoane

225 g / 8 oz / 1 cană de orez cu bob lung
15 ml/1 lingura de ulei
750 ml / 1 ¼ pt / 3 căni de apă

Spălați orezul și puneți-l într-o tigaie. Adăugați apă și ulei și turnați-l în tigaie, la aproximativ un centimetru deasupra orezului. Se aduce la fierbere, se acopera, se ia de pe foc si se fierbe 20 de minute.

orez brun fiert

pentru 4 persoane

225 g / 8 oz / 1 cană de orez brun cu bob lung
5 ml / 1 linguriță sare
900 ml / 1 ½ punct / 3 ¾ cani de apă

Spălați orezul și puneți-l într-o tigaie. Adăugați sarea în apă, astfel încât să fie la aproximativ 3 cm deasupra orezului. Se aduce la fierbere, se acoperă, se reduce focul și se fierbe timp de 30 de minute, având grijă să nu fiarbă.

Orez cu carne de vita

pentru 4 persoane

225 g / 8 oz / 1 cană de orez cu bob lung
100 g / 4 oz carne de vită (tocată)
1 felie radacina de ghimbir, tocata
15 ml/1 lingura sos de soia
15 ml / 1 lingura vin de orez sau sherry uscat
5 ml / 1 linguriță ulei de arahide
2,5 ml / ½ linguriță de zahăr
2,5 ml / ½ linguriță sare

Se pune orezul într-o oală mare și se aduce la fierbere. Acoperiți și fierbeți timp de aproximativ 10 minute până când cea mai mare parte a lichidului este absorbită. Amestecați restul ingredientelor, puneți-le pe orez, acoperiți și fierbeți încă 20 de minute la foc mic până se fierb. Amestecați ingredientele înainte de servire.

Orez cu ficat de pui

pentru 4 persoane

225 g / 8 oz / 1 cană de orez cu bob lung
375 ml / 13 fl oz / 1½ cani supa de pui
Sare
2 ficatei de pui fierti, felii subtiri

Punem orezul si bulionul intr-o oala mare si aducem la fiert. Acoperiți și fierbeți aproximativ 10 minute până când orezul este aproape fraged. Scoateți capacul și continuați să gătiți la foc mic până când cea mai mare parte a bulionului este absorbită. Adăugați sare, adăugați ficatul de pui și aduceți la fierbere la foc lent înainte de servire.

Orez cu pui si ciuperci

pentru 4 persoane

225 g / 8 oz / 1 cană de orez cu bob lung

100 g pui, tocat

100 g ciuperci tăiate cubulețe

5 ml / 1 linguriță făină de porumb (amidon de porumb)

5 ml / 1 linguriță sos de soia

5 ml / 1 linguriță vin de orez sau sherry uscat

Vârf de cuțit de sare

15 ml / 1 lingura ceapa primavara tocata

15 ml/1 lingura sos de stridii

Se pune orezul într-o oală mare și se aduce la fierbere. Acoperiți și fierbeți timp de aproximativ 10 minute până când cea mai mare parte a lichidului este absorbită. Se amestecă toate celelalte ingrediente, mai puțin ceapa primăvară și sosul de stridii, se așează orezul deasupra, se acoperă și se fierbe la foc mic pentru încă 20 de minute până se înmoaie. Se amestecă ingredientele și se presară peste ceapă și sos de stridii înainte de servire.

Orez cu nucă de cocos

pentru 4 persoane

225 g / 8 oz / 1 cană orez cu aromă thailandeză
1 l / 1¾ pt / 4¼ cani lapte de cocos
150 ml / ¼ pt / ½ cană generoasă de cremă de cocos
1 buc coriandru tocat
Vârf de cuțit de sare

Fierbeți toate ingredientele într-o tigaie, acoperiți și lăsați orezul să fiarbă timp de 25 de minute, amestecând din când în când.

Orez cu carne de crab

pentru 4 persoane

225 g / 8 oz / 1 cană de orez cu bob lung
100 g carne de crab, în fulgi
2 felii de rădăcină de ghimbir, tocate
15 ml/1 lingura sos de soia
15 ml / 1 lingura vin de orez sau sherry uscat
5 ml / 1 linguriță ulei de arahide
5 ml / 1 linguriță făină de porumb (amidon de porumb)
Sare si piper proaspat macinat

Se pune orezul într-o oală mare și se aduce la fierbere. Acoperiți și fierbeți timp de aproximativ 10 minute până când cea mai mare parte a lichidului este absorbită. Amestecați restul ingredientelor, puneți-le pe orez, acoperiți și fierbeți încă 20 de minute la foc mic până se fierb. Amestecați ingredientele înainte de servire.

Orez cu mazăre

pentru 4 persoane

225 g / 8 oz / 1 cană de orez cu bob lung
350 g mazăre
30 ml / 2 linguri sos de soia

Punem orezul si bulionul intr-o oala mare si aducem la fiert. Adăugați mazărea, acoperiți și fierbeți aproximativ 20 de minute, până când orezul este aproape fraged. Scoateți capacul și continuați să gătiți la foc mic până când cea mai mare parte a lichidului este absorbită. Se lasa sa se odihneasca 5 minute, se acopera, se stropeste cu sos de soia si se serveste.

Orez cu piper

pentru 4 persoane

225 g / 8 oz / 1 cană de orez cu bob lung

2 cepe primare (cepe), tocate fin

1 ardei gras rosu, feliat

45 ml / 3 linguri sos de soia

30 ml / 2 linguri ulei de arahide

5 ml / 1 lingurita zahar

Punem orezul intr-o cratita, acoperim cu apa rece, aducem la fiert, acoperim si gatim aproximativ 20 de minute pana se inmoaie. Scurge bine, apoi adauga ceapa primavara, ardeiul, sosul de soia, uleiul si zaharul. Se pune intr-un bol caldut si se serveste imediat.

Orez cu ouă poșate

pentru 4 persoane

225 g / 8 oz / 1 cană de orez cu bob lung
4 ouă
15 ml/1 lingura sos de stridii

Se pune orezul intr-o cratita, se acopera cu apa rece, se aduce la fiert, se acopera si se fierbe aproximativ 10 minute pana se inmoaie. Scurgeți și puneți pe o farfurie caldă. Între timp, fierbeți o oală cu apă, spargeți ouăle cu grijă și gătiți câteva minute până când albușul se îngroașă, dar ouăle sunt încă umede. Scoateți din tigaie cu o lingură cu șuruburi și puneți deasupra orezul. Se serveste cu sos de stridii presarat.

Orez din Singapore

pentru 4 persoane

225 g / 8 oz / 1 cană de orez cu bob lung

5 ml / 1 linguriță sare

1,2 l / 2 pt / 5 căni de apă

Se spala orezul, apoi se pune intr-o oala cu sare si apa. Aduceți la fiert, apoi reduceți focul și gătiți aproximativ 15 minute până când orezul este moale. Scurgeți într-o strecurătoare și clătiți cu apă caldă înainte de servire.

Orez lent pe barcă

pentru 4 persoane

225 g / 8 oz / 1 cană de orez cu bob lung

5 ml / 1 linguriță sare

15 ml/1 lingura de ulei

750 ml / 1¼ pt / 3 căni de apă

Spălați orezul și puneți-l într-o oală cu sare, ulei și apă. Acoperiți și coaceți în cuptorul preîncălzit la 120 °C / 250 °F / marca de gaz ½ pentru cca. 1 oră, până se absoarbe toată apa.

orez fiert

pentru 4 persoane

225 g / 8 oz / 1 cană de orez cu bob lung

5 ml / 1 linguriță sare

450 ml / ¾ pt / 2 căni de apă

Pune orezul, sarea si apa intr-o tava, acoperim si coacem in cuptorul preincalzit la 180 °C / 350 °F / marca de gaz 4 pentru aprox. 30 minute.

Orez prăjit

pentru 4 persoane

225 g / 8 oz / 1 cană de orez cu bob lung

750 ml / 1 ¼ pt / 3 căni de apă

30 ml / 2 linguri ulei de arahide

1 ou bătut

2 catei de usturoi, tocati

Vârf de cuțit de sare

1 ceapa tocata marunt

3 cepe primavara, tocate marunt

2,5 ml / ½ linguriță melasă de coriandru

Punem orezul si apa intr-o craticioara, aducem la fiert, acoperim si gatim aproximativ 20 de minute pana orezul este fiert. Scurgeți bine. Se încălzesc 5 ml/1 linguriță de ulei și se toarnă oul. Gatiti pana se ingroasa pe fund, apoi intoarceti si gatiti pana se ingroasa. Scoateți din tavă și tăiați în fâșii. Se toarnă restul de ulei în tigaia cu usturoiul și sarea și se prăjește până când usturoiul devine auriu. Adăugați ceapa și orezul și gătiți timp de 2 minute. Adăugați ceapa primăvară și gătiți timp de 2 minute. Adaugati melasa in oala pana ce orezul este acoperit, apoi adaugati fasiile de ou si serviti.

orez prajit cu migdale

pentru 4 persoane

250 ml / 8 fl oz / 1 cană ulei de arahide (arahide)
50 g / 2 oz / ½ cană fulgi de migdale
4 oua batute
450 g / 1 lb / 3 căni de orez cu bob lung gătit
5 ml / 1 linguriță sare
3 felii de sunca fiarta taiate fasii
2 salote, tocate marunt
15 ml/1 lingura sos de soia

Încinge uleiul și prăjește migdalele până se rumenesc. Scoatem din tava si scurgem pe hartie de bucatarie. Se toarnă cea mai mare parte din ulei din tigaie, se încălzește și se toarnă ouăle peste, amestecând continuu. Adăugați orezul și sarea și gătiți timp de 5 minute, ridicând rapid și amestecând pentru a acoperi boabele de orez în ou. Adaugati sunca, frunzele si sosul de soia si gatiti 2 minute. Se amestecă majoritatea migdalelor și se servesc ornat cu migdalele rămase.

Orez prajit cu bacon si oua

pentru 4 persoane

45 ml / 3 linguri ulei de arahide (arahide)

225 g bacon, tocat

1 ceapa tocata marunt

3 oua batute

225 g orez cu bob lung fiert

Se încălzește uleiul și se prăjește slănina și ceapa până se rumenesc. Adăugați oul și gătiți până aproape gata. Adăugați orezul și gătiți până când orezul este fierbinte.

Orez prajit cu carne

pentru 4 persoane

225 g carne slabă de vită tăiată fâșii
15 ml / 1 lingură făină de porumb (amidon de porumb)
15 ml/1 lingura sos de soia
15 ml / 1 lingura vin de orez sau sherry uscat
5 ml / 1 lingurita zahar
75 ml / 5 linguri ulei de arahide (arahide)
1 ceapa tocata marunt
450 g / 1 lb / 3 căni de orez cu bob lung gătit
45 ml / 3 linguri supă de pui

Amestecați carnea cu amidon de porumb, sos de soia, vin sau sherry și zahăr. Se incinge jumatate din ulei si se caleste ceapa pana devine translucida. Adăugați carnea și gătiți timp de 2 minute. Scoateți din tigaie. Se încălzește uleiul rămas, se adaugă orezul și se fierbe timp de 2 minute. Adăugați supa și încălziți. Se adauga jumatate din amestecul de carne si ceapa si se amesteca pana se incinge, apoi se pune intr-un castron caldut si se orneaza cu carnea si ceapa ramase.

Orez prajit cu carne tocata

pentru 4 persoane

30 ml / 2 linguri ulei de arahide

1 catel de usturoi zdrobit

Vârf de cuțit de sare

30 ml / 2 linguri sos de soia

30 ml / 2 linguri sos hoisin

450 g / 1 lb carne de vită (tocată)

1 ceapă feliată

1 morcov tăiat

1 lămâie, feliată

450 g / 1 lb orez cu bob lung gătit

Se încălzește uleiul și se prăjește usturoiul și sarea până se rumenesc. Adăugați sosul de soia și sosul hoisin și amestecați fierbinte. Adăugați carnea și gătiți până devine maro auriu și crocant. Adăugați legumele și fierbeți până se înmoaie, amestecând des. Adăugați orezul și fierbeți, amestecând constant, până când se încinge și sosul este acoperit.

Orez prajit cu carne si ceapa

pentru 4 persoane

1 lb/450 g carne de vită, tăiată subțire

45 ml / 3 linguri sos de soia

15 ml / 1 lingura vin de orez sau sherry uscat

Sare si piper proaspat macinat

15 ml / 1 lingură făină de porumb (amidon de porumb)

45 ml / 3 linguri ulei de arahide (arahide)

1 ceapa tocata marunt

225 g orez cu bob lung fiert

Marinați carnea în sos de soia, vin sau sherry, sare, piper și porumb timp de 15 minute. Se incinge uleiul si se caleste ceapa pana se rumeneste. Adăugați carnea în marinadă și gătiți timp de 3 minute. Adăugați orezul și gătiți până este foarte fierbinte.

Orez prajit cu pui

pentru 4 persoane

225 g / 8 oz / 1 cană de orez cu bob lung

750 ml / 1¼ pt / 3 căni de apă

30 ml / 2 linguri ulei de arahide

2 catei de usturoi, tocati

Vârf de cuțit de sare

1 ceapa tocata marunt

3 cepe primavara, tocate marunt

100 g pui fiert, tocat

15 ml/1 lingura sos de soia

Punem orezul si apa intr-o craticioara, aducem la fiert, acoperim si gatim aproximativ 20 de minute pana orezul este fiert. Scurgeți bine. Se încălzește uleiul și se prăjește usturoiul și sarea până când usturoiul devine ușor auriu. Adăugați ceapa și gătiți timp de 1 minut. Adăugați orezul și gătiți timp de 2 minute. Adăugați ceapa și puiul și gătiți timp de 2 minute. Adăugați sosul de soia pentru a acoperi orezul.

Orez cu rață friptă

pentru 4 persoane

4 ciuperci chinezești uscate

45 ml / 3 linguri ulei de arahide (arahide)

2 cepe de primăvară (cepe), tăiate felii

225 g varză chinezească, mărunțită

100 g rață fiartă, tăiată în bucăți mici

45 ml / 3 linguri sos de soia

15 ml / 1 lingura vin de orez sau sherry uscat

350 g orez cu bob lung fiert

45 ml / 3 linguri supă de pui

Înmuiați ciupercile în apă caldă timp de 30 de minute, apoi filtrați. Aruncați tulpinile și tăiați vârfurile. Se incinge jumatate din ulei si se caleste ceapa primavara pana devine translucida. Adăugați bulion chinezesc și gătiți timp de 1 minut. Adăugați rața, sosul de soia și vinul sau sherry și gătiți timp de 3 minute. Scoateți din tigaie. Încinge uleiul rămas și prăjește orezul până când uleiul îl acoperă. Adăugați supa, aduceți la fiert și gătiți timp de 2 minute. Reveniți amestecul de rață în oală și amestecați până se încălzește înainte de servire.

Orez aburit cu șuncă

pentru 4 persoane

30 ml / 2 linguri ulei de arahide

1 ou bătut

1 catel de usturoi zdrobit

350 g orez cu bob lung fiert

1 ceapa tocata marunt

1 ardei verde tocat

100 g sunca tocata

50 g castane de apă feliate

50 g muguri de bambus, tocati

15 ml/1 lingura sos de soia

15 ml / 1 lingura vin de orez sau sherry uscat

15 ml/1 lingura sos de stridii

Încinge puțin ulei într-o tigaie și adaugă oul, astfel încât să se întindă pe toată tigaia înclinând-o. Gatiti pana cand fundul se rumeneste usor, apoi intoarceti si gatiti si cealalta parte. Se scoate din tigaie si se toaca si se caleste usturoiul pana se rumeneste. Adăugați orezul, ceapa și ardeiul și gătiți timp de 3 minute. Adăugați șunca, castanele de apă și lăstarii de bambus și gătiți timp de 5 minute. Adăugați celelalte ingrediente și aprox. timp de 4 minute. Presaram fasiile de ou si servim.

Orez cu sunca afumata si bulion

pentru 4 persoane
30 ml / 2 linguri ulei de arahide
3 oua batute
350 g orez cu bob lung fiert
600 ml / 1 pct / 2½ căni bulion de pui
100 g sunca afumata, maruntita
100 g muguri de bambus, tăiați

Se încălzește uleiul și apoi se toarnă ouăle. Când încep să se îngroașe, adăugați orezul și fierbeți timp de 2 minute. Adăugați bulionul și șunca și aduceți la fiert. Se fierbe timp de 2 minute, apoi se adaugă lăstarii de bambus și se servesc.

Carne de porc cu orez prajit

pentru 4 persoane

45 ml / 3 linguri ulei de arahide (arahide)
3 cepe primavara, tocate marunt
100 g carne de porc, tăiată cubulețe
350 g orez cu bob lung fiert
30 ml / 2 linguri sos de soia
2,5 ml / ½ linguriță sare
2 oua batute

Se incinge uleiul si se caleste ceapa primavara pana devine translucida. Se adaugă carnea de porc și se amestecă până se îmbracă cu ulei. Adăugați orezul, sosul de soia și sarea și gătiți timp de 3 minute. Se adauga ouale si se bat pana incepe sa se ingroase.

Orez prajit cu carne de porc si creveti

pentru 4 persoane

45 ml / 3 linguri ulei de arahide (arahide)

2,5 ml / ½ linguriță sare

2 cepe primare (cepe), tocate fin

350 g orez cu bob lung fiert

100 g friptură de porc

225 g creveți curățați

50 g frunze chinezești, mărunțite

45 ml / 3 linguri sos de soia

Se incinge uleiul si sarea si se caleste ceapa primavara pana se rumeneste. Adăugați orezul în pâine prăjită pentru a rupe boabele. Adăugați carnea de porc și gătiți timp de 2 minute. Adaugati crevetii, frunzele chinezesti si sosul de soia si gatiti pana se fierb foarte bine.

Orez prajit cu creveti

pentru 4 persoane

225 g / 8 oz / 1 cană de orez cu bob lung

750 ml / 1¼ pt / 3 căni de apă

30 ml / 2 linguri ulei de arahide

2 catei de usturoi, tocati

Vârf de cuțit de sare

1 ceapa tocata marunt

225 g creveți curățați

5 ml / 1 linguriță sos de soia

Punem orezul si apa intr-o craticioara, aducem la fiert, acoperim si gatim aproximativ 20 de minute pana orezul este fiert. Scurgeți bine. Se încălzește uleiul cu usturoi și sare și se prăjește până când usturoiul devine ușor auriu. Adăugați orezul și ceapa și gătiți timp de 2 minute. Adăugați creveții și gătiți timp de 2 minute. Adăugați sos de soia înainte de servire.

orez prajit si mazare

pentru 4 persoane

30 ml / 2 linguri ulei de arahide
2 catei de usturoi, tocati
5 ml / 1 linguriță sare
350 g orez cu bob lung fiert
225 g mazare congelata sau albita, dezghetata
4 cepe primavara, tocate marunt
30 ml / 2 linguri pătrunjel proaspăt tocat mărunt

Se încălzește uleiul și se prăjește usturoiul și sarea până se rumenesc. Adăugați orezul și gătiți timp de 2 minute. Adaugati mazarea, ceapa si patrunjelul si gatiti cateva minute pana se incalzesc. Serviți cald sau rece.

Orez prajit in somon

pentru 4 persoane

30 ml / 2 linguri ulei de arahide
2 catei de usturoi, tocati
2 cepe de primăvară (cepe), tăiate felii
50 g somon tocat
75 g spanac tocat
150 g orez cu bob lung fiert

Încinge uleiul și prăjește usturoiul și ceapa primăvară timp de 30 de secunde. Adăugați somonul și gătiți timp de 1 minut. Adăugați spanacul și gătiți timp de 1 minut. Adăugați orezul și gătiți până când este fierbinte și bine amestecat.

Orez prajit special

pentru 4 persoane

60 ml / 4 linguri ulei de arahide

1 ceapa tocata marunt

100 g bacon, tocat

50 g sunca tocata

50 g pui fiert, tocat

50 g creveți curățați

60 ml / 4 linguri sos de soia

30 ml / 2 linguri vin de orez sau sherry uscat

Sare si piper proaspat macinat

15 ml / 1 lingură făină de porumb (amidon de porumb)

225 g orez cu bob lung fiert

2 oua batute

100 g ciuperci, feliate

50 g mazăre congelată

Se încălzește uleiul și se prăjește ceapa și baconul până se rumenesc. Adăugați șunca și puiul și gătiți timp de 2 minute. Adăugați creveții, sosul de soia, vinul sau sherry, sare, piper și amidonul de porumb și gătiți timp de 2 minute. Adăugați orezul și gătiți timp de 2 minute. Adăugați ouăle, ciupercile și mazărea și gătiți timp de 2 minute până se încălzește.

Zece orez scump

Servit de la 6 la 8

45 ml / 3 linguri ulei de arahide (arahide)
1 ceapă primăvară (ceapă ceapă), tocată mărunt
100 g carne slabă de porc, tocată
1 piept de pui, tocat
100 g șuncă, zdrobită
30 ml / 2 linguri sos de soia
30 ml / 2 linguri vin de orez sau sherry uscat
5 ml / 1 linguriță sare
350 g orez cu bob lung fiert
250 ml / 8 fl oz / 1 cană bulion de pui
100 g muguri de bambus, tăiați în fâșii
50 g castane de apă feliate

Se încălzește uleiul și se prăjește ceapa până devine transparentă. Adăugați carnea de porc și gătiți timp de 2 minute. Adăugați pui și șuncă și gătiți timp de 2 minute. Adăugați sos de soia, sherry și sare. Adăugați orezul și bulionul și aduceți la fierbere. Adăugați lăstarii de bambus și castanele de apă, acoperiți și fierbeți timp de 30 de minute.

Orez cu ton prajit

pentru 4 persoane

30 ml / 2 linguri ulei de arahide

2 cepe tocate marunt

1 ardei verde tocat

450 g / 1 lb / 3 căni de orez cu bob lung gătit

Sare

3 oua batute

300 g ton la conserva, in fulgi

30 ml / 2 linguri sos de soia

2 salote, tocate marunt

Se incinge uleiul si se caleste ceapa pana se inmoaie. Adăugați piper și gătiți timp de 1 minut. Împingeți-l într-o parte a tigaii. Adăugați orezul, sare și gătiți timp de 2 minute, amestecând treptat ardeiul și ceapa. Faceți o groapă în mijlocul orezului, turnați puțin ulei peste el și adăugați ouăle. Se amestecă până devine aproape spumos și se adaugă orezul. Gatiti inca 3 minute. Adăugați tonul și sosul de soia și încălziți bine. Se serveste presarata cu salota tocata.

Fidea cu ou fiert

pentru 4 persoane

10 ml / 2 linguriţe sare

450 g pastă de ouă

30 ml / 2 linguri ulei de arahide

Se fierbe o oală cu apă, se adaugă sare şi pastele. Aduceţi din nou la fiert şi fierbeţi timp de aproximativ 10 minute până când se înmoaie, dar încă ferm. Scurgeţi bine, clătiţi cu apă rece, scurgeţi, apoi clătiţi cu apă fierbinte. Se toarnă peste ulei înainte de servire.

taitei cu oua la abur

pentru 4 persoane

10 ml / 2 lingurițe sare

450 g / 1 lb pastă de ou subțire

Se fierbe o oală cu apă, se adaugă sare și pastele. Se amestecă bine și se filtrează. Puneti pastele intr-o strecuratoare, puneti-le intr-un cuptor cu abur si fierbeti in apa clocotita aproximativ 20 de minute pana se inmoaie.

Paste la grătar

Face 8 portii

10 ml / 2 lingurițe sare

450 g pastă de ouă

30 ml / 2 linguri ulei de arahide

tigaie

Se fierbe o oală cu apă, se adaugă sare și pastele. Aduceți din nou la fiert și fierbeți timp de aproximativ 10 minute până când se înmoaie, dar încă ferm. Scurgeți bine, clătiți cu apă rece, scurgeți, apoi clătiți cu apă fierbinte. Stropiți peste ulei, asezonați cu sosul dorit și încălziți ușor pentru ca aromele să se amestece.

Taitei prajiti

pentru 4 persoane
225 g tăiței subțiri cu ou
Sare
Se prăjește în ulei

Fierbe pastele în apă clocotită cu sare conform instrucțiunilor de pe ambalaj. Scurgeți bine. Punem mai multe straturi de hartie de bucatarie pe o tava de copt, intindem aluatul si il lasam sa se usuce cateva ore. Se încălzește uleiul și se prăjește buzele timp de aproximativ 30 de secunde fiecare până când sunt aurii. Scurgeți pe hârtie absorbantă.

Taitei moi prajiti

pentru 4 persoane

350 g taitei cu ou

75 ml / 5 linguri ulei de arahide (arahide)

Sare

Fierbeți o oală cu apă, adăugați pastele și fierbeți până când pastele sunt moi. Scurgeți și clătiți cu apă rece, apoi apă caldă, apoi scurgeți din nou. Se adauga 15 ml/1 lingura de ulei, se lasa sa se raceasca si sa se raceasca. Încinge uleiul rămas până aproape că se aburește. Adăugați pastele și gătiți încet până când uleiul le acoperă. Se reduce focul si se amesteca in continuare cateva minute pana cand aluatul devine maro auriu la exterior si moale la interior.

Tagliatelle la abur

pentru 4 persoane

450 g pastă de ouă

5 ml / 1 linguriță sare

30 ml / 2 linguri ulei de arahide

3 cepe primare (sos), taiate fasii

1 catel de usturoi zdrobit

2 felii de rădăcină de ghimbir, tocate

100 g carne slabă de porc tăiată fâșii

100 g sunca taiata fasii

100 g creveți curățați

450 ml / ¬apt / 2 căni supă de pui

30 ml / 2 linguri sos de soia

Se fierbe o oală cu apă, se adaugă sare și pastele. Se aduce la fierbere și se fierbe aproximativ 5 minute, apoi se strecoară și se clătește cu apă rece.

Intre timp, incinge uleiul in ceapa primavara, usturoiul si ghimbirul pana se rumenesc. Adăugați carnea de porc și gătiți până la lumină. Adaugati sunca si crevetii, apoi bulionul, sosul de soia si taiteii. Aduceți la fierbere, acoperiți și fierbeți timp de 10 minute.

taitei reci

pentru 4 persoane

450 g pastă de ouă

5 ml / 1 linguriță sare

15 ml / 1 lingura ulei de arahide

225 g / 8 oz muguri de fasole

225 g carne de porc, tocata

1 castravete tăiat fâșii

12 ridichi tăiate fâșii

Se fierbe o oală cu apă, se adaugă sare și pastele. Aduceți din nou la fiert și fierbeți timp de aproximativ 10 minute până când se înmoaie, dar încă ferm. Se filtrează bine, se clătește cu apă rece și se scurge din nou. Se unge cu ulei și se pune pe o farfurie de servire. Puneți restul ingredientelor pe un platou în jurul pastelor. Oaspeților li se servește o selecție de ingrediente în boluri mici.

Coș cu paste

pentru 4 persoane

225 g tăiței subțiri cu ou

Sare

Se prăjește în ulei

Fierbe pastele în apă clocotită cu sare conform instrucțiunilor de pe ambalaj. Scurgeți bine. Punem mai multe straturi de hartie de bucatarie pe o tava de copt, intindem aluatul si il lasam sa se usuce cateva ore. Ungeți interiorul unei strecurătoare medii cu puțin ulei. Întindeți un strat uniform de aluat aproximativ 1 cm / ¬Ω în strecurătoare. Ungeți exteriorul unei strecurătoare mai mici cu ulei și împingeți-o în cea mai mare. Se încălzește uleiul, se pun cele două filtre în ulei și se prăjesc aproximativ 1 minut, până când aluatul devine maro auriu. Scoateți cu grijă filtrele și, dacă este necesar, treceți cu un cuțit pe marginile aluatului pentru a le slăbi.

Clatite din aluat

pentru 4 persoane

225 g taitei cu ou

5 ml / 1 linguriță sare

75 ml / 5 linguri ulei de arahide (arahide)

Se fierbe o oală cu apă, se adaugă sare și pastele. Aduceți din nou la fiert și fierbeți timp de aproximativ 10 minute până când se înmoaie, dar încă ferm. Scurgeți bine, clătiți cu apă rece, scurgeți, apoi clătiți cu apă fierbinte. Se amestecă cu 15 ml/1 lingură de ulei. Încinge uleiul rămas. Adăugați aluatul în tigaie pentru a face o clătită groasă. Gatiti pana devine maro auriu pe partea de jos, apoi intoarceti si gatiti pana se rumenesc usor, dar moale la mijloc.

www.ingramcontent.com/pod-product-compliance
Lightning Source LLC
Chambersburg PA
CBHW070407120526
44590CB00014B/1288